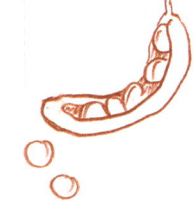

Markt des guten Geschmacks

Die Originalrezepte aus der Kochwerkstatt
von Slow Food Deutschland

Liebe Mitmenschen,

eine Gesellschaft, die ihren Lebensrhythmus verloren hat, ist bedroht. Nur wenn wir unser Leben aus der Polarität Schnell und Langsam bewusst gestalten, können die Erde und auch wir Menschen überleben. Das nur auf Schnelligkeit, Effizienz, Erfolg und Ertrag ausgerichtete Handeln ist lebensfeindlich und damit auch unproduktiv. Auf das richtige Tempo kommt es auch an bei der Landwirtschaft, beim Verarbeiten von Lebensmitteln und deren Zubereitung.

Nicht Turbokühe und Riesentomaten aus dem Treibhaus, sondern Agrarprodukte aus dem Bio-Landbau sind erdgerecht und menschendienlich. Eine sorgfältige und damit oft langsame Verarbeitung erhalten die Eigenschaften des Bio-Produkts. Das gilt auch für die Rezepte aus der Kochwerkstatt von Slow Food; sie geben Anregungen zum Nach-Kochen und Ideen für eigene Kreationen.

Diese Initiative von Slow Food unterstützen wir von Alnatura sehr gerne, denn die Entwicklung einer neuen Esskultur liegt uns besonders am Herzen. Ich wünsche deshalb diesem Kochbuch, dass es viele Menschen erreicht und inspiriert.

Ihr Götz Rehn

Gründer und Geschäftsführer Alnatura

Verantwortungsvoller und bewusster Genuss sind in Stuttgart wahrlich keine Fremdwörter. Dazu hat seit 2007 ganz sicher auch der „Markt des guten Geschmacks – die Slow Food Messe" einen Beitrag geleistet. Die Messe hat sich inzwischen gut etabliert und ist aus unserem Veranstaltungskalender nicht mehr wegzudenken. Nicht nur, weil sich immer mehr Menschen für die Geschmacks vielfalt guter, sauberer und fairer Lebensmittel interessieren, sondern auch, weil sich die Messe beständig weiterentwickelt. Zum 20-jährigen Jubiläum von Slow Food Deutschland haben wir 2012 erstmals ein neues Format im Rahmenprogramm des „Markt des guten Geschmacks" angeboten: die Kochwerkstatt.

In der Kochwerkstatt konnten alle Interessierten, die entdecken wollen, was die Profis in der Küche an Tipps und Tricks kennen, um ein Gericht perfekt werden zu lassen, direkt auf der Messe den Kochlöffel schwingen. Unter der Anleitung von Profis zauberten Hobbyköche, kochbegeisterte Familien und wissbegierige Anfänger Leckeres aus besten Zutaten. Die schönsten Rezepte der 2012er Kochwerkstatt des „Markt des guten Geschmacks" finden Sie in diesem einzigartigen Kochbuch – zum Nachkochen in der heimischen Küche.

Ich wünsche Ihnen viel Freude bei der Zubereitung und natürlich auch beim anschließenden sinnenfreudigen Genuss. Sollten Ihnen Rezepte oder Zutaten einmal ausgehen, dann lade ich Sie zum Sammeln neuer Inspiration ganz herzlich zu uns nach Stuttgart ein: Auf dem „Markt des guten Geschmacks – die Slow Food Messe" werden Sie sicher fündig. Die Messe findet immer im April statt. Wir freuen uns auf Ihren Besuch!

Viel Spaß in der Küche und einen guten Appetit wünscht

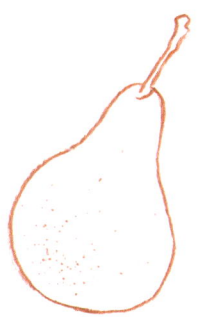

Roland Bleinroth

Geschäftsführer der Messe Stuttgart

Inhaltsverzeichnis

Dr. Ursula Hudson
Vorsitzende
Slow Food Deutschland e.V.

Einleitung

Slow Food ist eine weltweit aktive Nichtregierungs-organisation mit dem Ziel, eine menschliche und genussvolle Kultur des Essens und Trinkens zu befördern. Eine Kultur, die gut, sauber und fair ist. Slow Food kämpft für den Erhalt von Vielfalt in der Natur und auf dem Teller und für den Erhalt von lokalen kulinarischen Traditionen.

Dazu gehört das Engagement für eine ressourcen-schonende ökologische Landwirtschaft und Lebensmittelerzeugung, dazu gehört auch der Einsatz für das Lebensmittelhandwerk und die Lebensmittelsouveränität weltweit. Ganz wichtig ist die Vermittlung von Wissen: Wissen rund um Lebensmittel, deren Erzeugung und den Umgang mit ihnen. Wissen um die Vielfalt der geschmacklichen Möglichkeiten. Wissen schafft Kompetenz, genauer: die Fähigkeit zu einem genussreichen, freudvollen und verantwortungs-bewussten Umgang mit Lebensmitteln.

Für Slow Food ist das Wissen um Lebensmittel umfassend, es fängt beim Einkauf an und hört am Tellerrand nicht auf. Slow Food betrachtet Lebens-mittel in einem holistischen Gesamtzusam-menhang, zu dem auch Land, Wasser, Luft gehö-ren; denn für Slow Food ist die Verbindung zwischen Land- oder Fischereiwirtschaft und dem, was auf den Teller kommt, ein ganz enger, auch ein politischer: lokal wie global.

Zu Slow Food kommen Menschen, die sich für ihr Essen interessieren, die wissen wollen, wo es herkommt und wie es erzeugt wurde. Das sind neugierige Menschen, die Freude am Essen haben und an der Geselligkeit, die sich rund ums Essen einstellt. Menschen beispielsweise, die den Markt des Guten Geschmacks besuchen, wollen die angebotene Geschmacksvielfalt selbst erleben und mit denen ins Gespräch kommen, die gute, schmackhafte Lebensmittel herstellen. Beim Probieren und im Gespräch mit dem Erzeuger, dem Landwirt oder dem Handwerker, stellt sich das ein, worum es bei Slow Food geht: Genuss, Verstehen, Wissen. Wissen schlägt eine Brücke zwischen Verbraucher und Erzeuger und wirkt der heute weit verbreiteten Entfremdung entgegen. Wissen schafft Bewusstsein und fördert die Wertschätzung von Lebensmitteln und Essen. Was könnte denn wichtiger sein als Essen? Ist Leben nicht Essen? Nimmt Essen nicht die zentrale Rolle im Leben des Menschen ein? Ja, denn essen müssen wir alle: Essen ist von fundamentaler Bedeutung für das körperliche und geistige Wohlbefinden, für die sozialen Beziehungen, für die Landschaft, die Umwelt, für die Wirtschaft eines Landes – ja für alle gesamtgesellschaftlichen Zusammenhänge. Im Essen steckt schließlich die ganze Welt. Wissen ist besonders gefragt, wenn es um die Zubereitung der Lebensmittel geht, die Kombination von Geschmackserlebnissen und die Verwandlung von Natur in köstliche Gaumenfreuden beim Kochen.

Essen ist ein Stück Natur. Das wird dann besonders deutlich, wenn die frischen Zutaten auf dem Küchentisch liegen: der Fisch, der grade noch im Wasser schwamm, die Gemüse, die soeben noch in der Erde wuchsen, die Früchte, die vor kurzem noch am Baum hingen. Alles wartet darauf, dass der wunderbare Verwandlungsprozess des Zubereitens und Kochens beginnt, der aus Natur Kultur macht und an dessen Ende in der Regel der Genuss eines guten Mahles steht – gleich ob es das einfache Mahl ist oder eine komplexe Kreation der Kochkunst.

Mit Lebensmitteln umgehen können, kochen können heißt seinen Alltag an den Schlüsselpunkten von Wohlbefinden und Genuss selber gestalten zu können. Und daher gehört Kochen zur Grundausstattung des Lebens, es ist eine täglich praktizierbare Form von Selbstausdruck und Kreativität. Grundlagen sind die Entwicklung aller unserer Sinne, die beim Essen involviert sind, und Produktkenntnis – das Vertrautsein zum Beispiel mit Beschaffenheit, Herkunft, Frische, Qualität. Kochkenntnisse wurden früher von Generation zu Generation weitergegeben: eine Überlieferungs-

Slow Food®
Deutschland e.V.

kette, in der das kulinarische Gedächtnis entstand, das die Generationen miteinander verband.
Heute lernt mann/frau nicht mehr so selbstverständlich das Kochen bei den Müttern; es ist schon fast ein Glücksfall, wenn die Mutter noch die Lehrmeisterin in der Küche ist; häufiger sind es die die Freunde, die Kochbücher; und im schlechtesten Fall lernt man das Kochen gar nicht mehr.
Aber nur wer kochen kann, ist in der Lage, seinen Ernährungsalltag verantwortlich und bewusst, genussvoll und selbstbestimmt zu gestalten. Und das heißt, im Sinne von Slow Food, immer auch: Veränderungen zu bewirken, die über die Grenzen des Kulinarischen hinausgehen. Bewusstes Kochen und Genießen mündet in politisch wirksames Handeln, in Konsumentscheidungen beispielsweise, die Einfluss nehmen auf Landwirtschaft und Umwelt und darauf, ob das Nahrungsmittelangebot ethischen und qualitativen Anforderungen entspricht. Kochen ist zentrale Alltagskompetenz – und nicht zu vergessen Lebensqualität: Und deshalb bedarf das Wissen ums Kochen der Förderung und Verbreitung.
In diesem Sinne ist die Kochwerkstatt, die 2012 zum ersten Mal auf dem Markt des guten Geschmacks realisiert werden konnte, eine wichtiger Bestandteil des Angebots zur Wissens- und Kompetenzvermittlung im besten Slow Food-Sinn. Ich danke allen, die die Kochwerkstatt durch ihren Einsatz und ihre Unterstützung ermöglicht haben, und ich danke denen, die es uns erlaubten, die Erinnerung an die Kochwerkstatt in Form dieses Büchleins festzuhalten. Es möge seinen Teil zu Lebensqualität und Freude durch Kochen beitragen.

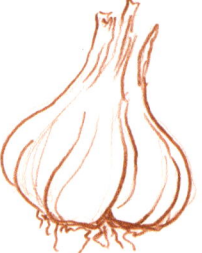

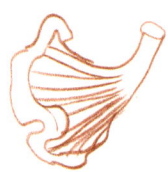

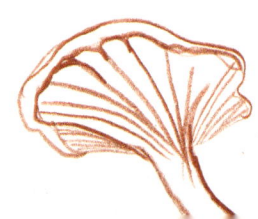

Die Kochwerkstatt des Markts des guten Geschmacks – die Slow Food Messe

Ein Kochbuch von einer Messe?
Gibt es da nicht nur Kochshows?
Nicht beim Markt des guten Geschmacks –
die Slow Food Messe.

Zum 20jährigen Jubiläum von Slow Food Deutschland haben wir uns eine neue und innovative Veranstaltung ausgedacht: die Kochwerkstatt. Für Messebesucher, die gerne selber kochen und viel über gute, saubere und faire Lebensmittel und Geschmacksvielfalt erfahren wollen.

In der Kochwerkstatt des Markts des guten Geschmacks können alle, die entdecken wollen, was die Profis in der Küche an Tipps und Tricks kennen, um ein Gericht perfekt werden zu lassen, selbst den Kochlöffel schwingen. Ob erfahrener Hobbykoch, kochbegeisterte Familie oder wissbegieriger Anfänger – jeder darf dem Kochprofi auf die Hände und in den Topf schauen.

Wie macht man einen Krabbensud, filetiert Fisch, findet das passende Gewürz? Wie wird das Fleisch zart, das Risotto cremig, die Sauce perfekt? Profiköche vermitteln während der 90 Minuten dauernden Kochkurse Basiswissen der Küchenkunst, während die Teilnehmer vom ersten bis zum letzten Schritt ein komplettes Gericht selbst zubereiten. ‚Da habe ich schon mal was vorbereitet‘ – diese Aussage gibt es hier nicht.

Die Leitung der Kochwerkstatt übernehmen Sterneköche, junge Küchenmeister, die jungen Wilden und die Großmutter ebenso wie leidenschaftliche

Hobbyköche. Alle verbindet eins: die Liebe zu regionalen und saisonalen Lebensmitteln und geschmacklicher Vielfalt, das Wissen um die Bedeutung einer ökologisch einwandfreien und handwerklichen Produktion und die Pflege regionaler Esskultur.

Mit der Kochwerkstatt wollen wir regionale Rezepte und Küchentraditionen bewahren und ihre innovative Weiterentwicklung fördern. Denn regionale Esskultur und Geschmacksvielfalt ist ein wertvolles Kulturgut und Ausdruck individueller und geschmacklicher Lebensqualität und Identität. Kochen findet immer und überall statt. Ob in der Küche des Sternerestaurants, am häuslichen Herd oder bei einer Demo – immer ist das gemeinsame Kochen und gemeinsame Essen eine Form gesellschaftlicher und individueller Lebenskultur und Realität.

Wir haben jede einzelne Kochwerkstatt dokumentiert, fotografiert, die von den Köchen eigens kreierten Originalrezepte und die vielen Tipps und Hinweise mitgeschrieben, ergänzt um Informationen zu besonderen Produkten, wie die Passagiere der Slow Food Arche des Geschmacks. Die Begeisterung der Teilnehmer und Teilnehmerinnen war so groß, dass wir uns entschlossen haben, die Kochwerkstatt auch für alle, die nicht dabei sein konnten, erlebbar zu machen. So entstand dieses Buch.

Möglich wurde die Kochwerkstatt dank der Unterstützung von Alnatura und Gaggenau, dem Engagement der Köche und vieler Erzeuger, Genusshandwerker und Manufakturen, die uns Lebensmittel und Kochutensilien zur Verfügung gestellt haben.

Andrea Lenkert-Hörrmann

Impressionen aus der Kochwerkstatt

Rund 150 Teilnehmer – vom Zehn-
jährigen bis zur Oma – schwangen auf
dem Markt des guten Geschmacks
die Kochlöffel.

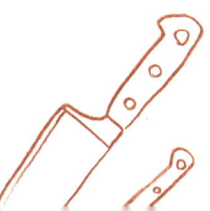

Impressionen aus der Kochwerkstatt

Gemeinsames Kochen ist ein Erlebnis.
Das gilt umso mehr, wenn Könner
dabei sind, denen man ihre Kniffs
abgucken kann. Und auch, wenn's mal
eilig ist: Zeit für das gemeinsame
Abschmecken oder einen Kurzkurs im
Zwiebelschneiden bleibt doch immer.

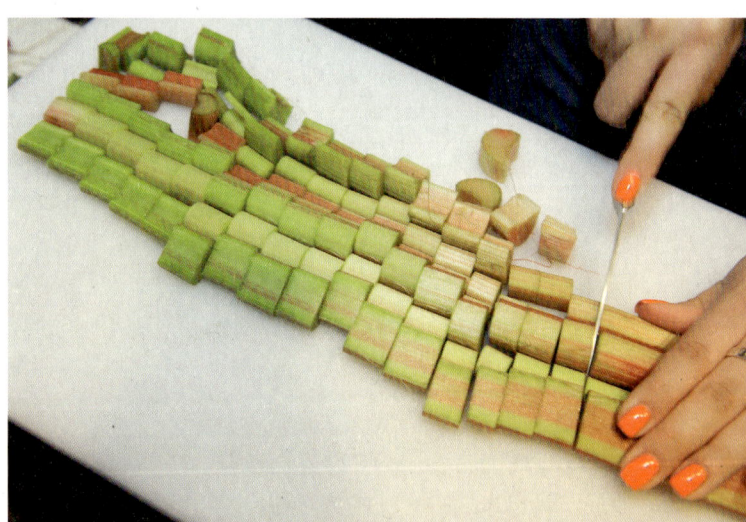

„Das Wissen um die Herkunft der Produkte gibt mir kulinarische Wurzeln." Nach diesem Bekenntnis zu regionalen, jahreszeitlichen Gerichten kocht Herbert Hintner seit bald 40 Jahren in Eppan in Südtirol „ohne Firlefanz, mit klaren Aromen" – zuletzt 17 Jahre in Folge mit einem Michelinstern. Das Kartoffel-Spargeltatar hat er ausgesucht, weil es zum einen eines seiner klassischen Erfindungen ist, aber problemlos in 90 Minuten machbar und gar nicht kompliziert: „Das kann jeder nachmachen."

HERBERT HINTNER

Sternekoch, Restaurant Zur Rose, Eppan/Südtirol

Kartoffel-Spargel-Tatar

mit Kaninchen-Medaillons und frischen Kräutern

Kartoffel-Spargel-Tatar

mit Kaninchen-Medaillons
und frischen Kräutern

ZUTATEN FÜR 4 PERSONEN

4 Kaninchenfilets
400 g neue Kartoffeln
200 g weißer Spargel
200 g grüner Spargel
50 g *(= eine kleine)*
geschmorte Zwiebel
Salz, Pfeffer, Olivenöl
5 Basilikumblätter
1 Knoblauchzehe

Kräuter:
4 Blatt Basilikum,
4 Blatt Petersilie,
4 Spitzen Majoran,
4 Spitzen Kresse,
4 Blätter Minze

ZUBEREITUNG

Die Kartoffeln und den Spargel in gleich kleine
(sehr kleine) Würfel schneiden. Die Würfel getrennt
in Olivenöl anschwitzen. Nachher zusammen mit
der geschmorten Zwiebel vermengen und 1 Minute
anschwitzen, warm stellen.

Die Kaninchenfilets von Sehnen und Fett befreien,
salzen und pfeffern und in einer Pfanne mit
Olivenöl, einer Knoblauchzehe und Rosmarinzweig
auf allen Seiten gut anbraten (ca. 4 Minuten)
und warm stellen.

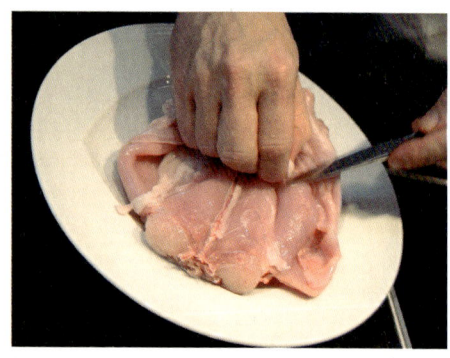

ANRICHTEN

Das Kartoffel-Spargel-Tatar mit Hilfe eines Metallrings in Form bringen, die Kaninchenfilets in Scheiben schneiden und nach Belieben auf das Tatar legen, die Frühlingskräuter zurecht zupfen und damit den Teller ausgarnieren.

Zwiebeln richtig schneiden

1. Finger (mit Daumen!) hinter dem Messer einziehen, Zwiebel halbieren
2. Zwiebel fast (aber nicht vollständig!) waagrecht einschneiden
3. Messer beim Schneiden nicht drücken, sondern ziehen, damit …
4. …die ätherischen Öle nicht austreten und die Augen angreifen.

Besser im Ganzen

Kaufen Sie sich am besten einen ganzen Kaninchensattel und lösen Sie die Medaillons selbst heraus. Bereits fertig ausgelöst gekaufte Medaillons sind praktisch immer chemisch behandelt, damit das Fleisch schön weiß bleibt. Die Medaillons schneiden Sie – schön langsam – immer am Knochen entlang.

Was tun mit dem Kaninchenrest?

Der Kaninchenbauch lässt sich prima zu einer Nudelsauce verarbeiten. Olivenöl, Zwiebeln, Knoblauch in die Pfanne, Rosmarin dazu, die Bauchlappen kleinschneiden, abrösten, Gemüsefond dazu, eine halbe Stunde bei 160 °C ins Rohr schieben, fertig ist die Sauce.

Zu fett?

Wenn das Tatar zu fettig geworden ist, dann wenden Sie es vor dem Anrichten erst mal auf einem Küchenkrepp.

Slow Food Tipp

Spargel aus deutschen Anbauregionen gibt es nur in einem fest definierten Zeitfenster. Mitte / Ende April startet die Saison und endet am 24. Juni. Ein wunderbares Beispiel für die Saisonalität von Gemüse. Achten Sie bei allen Obst- und Gemüsesorten auf die saisonale Verfügbarkeit – bester Geschmack, Frische und Reife sind der genussreiche Dank. Und Sie tun noch etwas für Klima und Umwelt – regional und saisonal vermeiden weite Wege und aufwändige Lagerung.

Keine Spargelzeit?

Statt Spargel kann man für das Tatar auch Steinpilze, Wirsing, Pfifferlinge, im Winter auch einen Ochsenschwanz nehmen. Möhren dagegen besser nicht, die haben ja auch eine süße Note und würden dann mit der Kartoffel streiten.

Der sprechende Teller

Beim Anrichten beachten: Der Gast will, wenn er Spargel-Tatar angeboten bekommt, auch Spargel sehen. Die Kommunikation des Produkts am Teller ist ganz wichtig. Deshalb hat Herbert Hintner die Spargelspitzen dekoriert.

Ohne Stärke hält's nicht

Die Kartoffelwürfel nicht mehr ins Wasser legen. Sonst schwemmt es die Stärke aus, und man hat am Schluss keine Bindung mehr, die das Tatar zusammenhält. Aus demselben Grund schneidet man die Würfel möglichst klein – kleine Würfel geben mehr Halt. Das Tatar gut in den Ring drücken, damit es hält.

Getrennt kochen, gemeinsam essen

Natürlich könnte man den weißen und grünen Spargel auch gemeinsam ins Wasser werfen. Aber dann werden sich die beiden Geschmäcker auch zu einem vermischen. Deshalb bereitet Herbert Hintner beide Spargelsorten zunächst getrennt zu und vereint sie erst so spät wie möglich. Die Kartoffeln darf man ruhig ein bisschen mehr als anschwitzen, wenn man sie nicht gern al dente isst.

TIPPS ZUM GERICHT

Speiseringe selber machen

Wer keine Speiseringe hat, der muss sich für dieses eine Gericht auch keine kaufen. Eine umgebaute Tomatendose tut es auch. Einfach mit einem Dosenöffner so von Boden und Deckel befreien, dass keine scharfen Kanten entstehen.

ZU GAST BEI HERBERT HINTNER

Im Ortszentrum von Eppan und gerade mal 8 km von der Abfahrt Bozen Süd der Brennerautobahn kocht Herbert Hintner im Restaurant „Zur Rose". Hintner übernahm 1982 das Restaurant, das den Eltern seiner Frau gehörte. Das Paar setzte von Anfang an konsequent auf kreative regionale Küche und erwarb sich damit nachhaltig Anerkennung in der Gastrokritik. 1995 wurde die „Rose" erstmals mit einem Michelin-Stern ausgezeichnet. Der Gault Millau vergab zwei Hauben, der Gambero Rosso 86 von 100 Punkten.

Josef Innerhoferstraße 2
I-39057 St. Michael Eppan (BZ)
Tel. 00 39/04 71/66 22 49
www.zur-rose.com

Hilfreiche Küchenausstattung vom Unterstützer dieses Kochbuches

Gaggenau bietet zwei neue Backofen-Serien in unterschiedlichem Design an. Das skulpturale Design der Serie 400 trifft auf den Purismus der Serie 200. Das für alle Produkte neue Bedienkonzept stellt eine einfache und intuitive Handhabung der Geräte sicher.

Während die Backofen-Serie 400 durch ihre skulpturale Wirkung im Raum besticht, überzeugt die Backofen-Serie 200 mit dezenter Zurückhaltung und geradliniger Formensprache. Die Geräte der Serie 400 werden mit leichtem Frontüberstand, die der Serie 200 perfekt flächenbündig eingebaut. Beide Serien umfassen Backöfen, Dampfbacköfen, Mikrowellen, Espresso-Vollautomaten und Wärmeschubladen mit hoher Funktionalität sowie als Sonderzubehör einen Backstein, mit dem Pizza, Brot und Flammkuchen wie aus einem Steinbackofen gelingen.

Filet vom Bio-Glanrind
von der Bannmühle

auf Risotto
von grünem Spargel
und Shiitakepilzen

und Sauce Béarnaise
von französischem Estragon

Er ist der Kräuterexperte unter den Köchen. Martin Scharff gilt als Kräutergenie, seine Kulinarik ist geprägt von einem ganz speziellen Mix aus regionalen und mediterranen Aromen. Seit 20 Jahren kocht Scharff ununterbrochen auf Sterneniveau – zuletzt zehn Jahre im Land ART Hotel Wartenberger Mühle in der Pfalz. 2012 erklomm er die nächste Karrierestufe und übernahm die gastronomische Leitung der Restaurantbetriebe auf dem Heidelberger Schloss.

In dieser Kochwerkstatt geht es um klassische Küchentechnik wie die Herstellung eines perfekten Risotto und einer echten Sauce Béarnaise.

MARTIN SCHARFF

Sternekoch, Restaurant Schlossweinstube, Schloss Heidelberg

Filet vom Bio-Glanrind
von der Bannmühle

ZUTATEN FÜR 4 PERSONEN

600 g pariertes Rinderfilet
2–3 Schalotten
Thymian
Butter
Himalaya-Salz
Maldon-Seesalz
Pfeffer aus der Mühle
Pflanzenöl

Bezugsquelle: S. 94 f.

ZUBEREITUNG

Das parierte Rinderfilet in vier gleich große Teile schneiden, leicht plattieren und mit etwas Himalaya-Salz und wenig Pfeffer aus der Mühle würzen und in Pflanzenöl beidseitig mit Farbe anbraten.

Die Rinderfilets im Backofen auf ein Gitter geben und bei circa 100 °C bei Heißluft garen, bis das Filet eine Kerntemperatur von 54/55 °C hat (medium). Nun das Filet circa 10 bis 15 Minuten bei 68 bis 70 °C warm stellen.
In einer Pfanne die Butter zum Aufschäumen bringen, die halbierten Schalotten und den Thymian hinzugeben, kurz mitbraten lassen und bei nicht zu heißer Temperatur das geruhte Filet von beiden Seiten in der Thymianbutter nachbraten.

Das Filet zum Abschluss aus der Pfanne nehmen, nochmals mit Pfeffer und grobem Maldon-Seesalz würzen und sofort servieren.

Risotto *von grünem Spargel und Shiitakepilzen*

ZUTATEN FÜR 4 PERSONEN

50 g Butter
1 Knoblauchzehe halbiert
1 Schalotte in Brunoise
250 g Risotto Bio-Qualität
50 ml Weißwein
200 g Shiitake-Pilze
16 Stangen grüner Spargel
(blanchiert)
100 g geriebener Parmigiano
Frische Kräuter wie z.B. Blattpeter-
silie, Kerbel, Schnittlauch
Frischer Estragon zur Dekoration

Für den Fond:
75 ml Weißwein
75 g Noilly Prat
500 ml Fond
(je nach Gericht z.B. Kalbs-
fond, Fischfond, Muschelfond,
Geflügelfond usw.)
200 ml Sahne

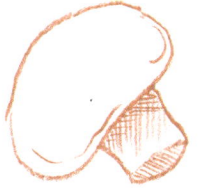

ZUBEREITUNG

Für den Fond alle Zutaten vorsichtig erhitzen
(die Sahne erst ganz am Ende zugeben,
siehe Tipp S. 28).

Von den blanchierten grünen Spargelstangen die
Spitzen mit ca. 7 cm Länge abschneiden, beiseite legen. die restlichen Stangen in ca. 1,5 cm
große Stücke für ein Ragout schneiden.

Die Shiitake-Pilze werden vom Stiel entfernt,
und die Köpfe werden oben über Kreuz eingeschnit-
ten. Bevor das Risotto serviert wird, werden
die Shiitake-Pilzköpfe in der Pfanne von beiden
Seiten goldbraun angebraten, mit Salz und
Pfeffer gewürzt.

Für das Risotto Butter, Knoblauch und Schalotte in
einem flachen Topf gleichmäßig ohne Farbe
nehmen zu lassen dünsten. Den Reis hinzufügen
und 2 Minuten mitdünsten. 2 Teile des Fond
nun nach und nach zum Risotto geben. Das Risotto
muss immer leicht bedeckt sein und sehr oft
bewegt oder geschwenkt werden. Je leiser es kocht,
umso besser. Wenn die Flüssigkeit dem Risotto
komplett zugegeben wurde und sie fast vollständig
aufgenommen ist, das grüne Spargelragout hinzugeben und mit Salz und Pfeffer abschmecken.

Die Fertigstellung erfolgt mit dem restlichen Drittel Fond und ggfs. Kräutern. Bei Fleischgerichten wird das Risotto kurz vor dem Servieren mit frisch geriebenem Parmesan verfeinert. Jetzt darf es auf keinen Fall mehr kochen.
Kurz vor dem Servieren werden die Spargelspitzen in einem kleinen Topf mit etwas Butter und Geflügelfond glaciert und mit einer Prise Zucker und Salz abgeschmeckt.

Sauce Béarnaise
von französischem Estragon

ZUTATEN REDUKTION
FÜR 4 PERSONEN

1 EL Weißweinessig
1 EL kleingeschnittener
französischer Estragon
20 g Schalotten, fein gehackt
5 Pfefferkörner, zerdrückt
5 cl Wasser

2 Eigelb
1 EL kaltes Wasser
125 g Butterschmalz
1 EL kleingeschnittener Kerbel
Saft einer Viertel Zitrone
Salz
frisch gemahlener Pfeffer

ZUBEREITUNG

Essigreduktion
Das Wasser und den Essig mit ¾ des Estragons,
der Schalotte und den Pfefferkörnern in einem
kleinen Topf verrühren und die Flüssigkeit bei
schwacher Hitze um die Hälfte einkochen.
Zum Abkühlen beiseite stellen.

Das Eigelb und das Wasser unter die erkaltete
und durch ein Sieb gegossene Reduktion rühren
und die Masse dann auf kleiner Flamme mit
dem Schneebesen 8 bis 10 Minuten aufschlagen.
Darauf achten, dass der Schneebesen beim
Schlagen Kontakt mit dem Topfboden hat. Beim
Aufschlagen die Hitzezufuhr ganz allmählich
erhöhen, die Sauce aber nicht heißer als 65 °C
werden lassen, da sie sonst zu gerinnen droht.

Den Herd ausschalten und das Butterschmalz
nach und nach unterschlagen. Die Sauce mit Salz
und Pfeffer abschmecken, den verbleibenden
Estragon, den Kerbel und den Zitronensaft unter
rühren und sofort servieren.

ALLES ANRICHTEN

Den grünen Spargel in Form eines Vierecks auf den
Teller legen, die Shiitake-Pilze anlegen. Das Risotto in die Mitte des Vierecks geben, das gebrate-
ne Filet darauf setzen.

Mit der Sauce Béarnaise das Filet etwas nap-
pieren (bedecken), mit etwas Kalbsjus rundherum
saucieren und das Ganze mit französischem
Estragon dekorieren.

Der Pilz mit Kreuzschnitt

Schneiden Sie von den Shiitake-Pilzen die Stiele weg, sie schmecken wie Kaugummi. Den Hut kreuzförmig einschneiden, damit er sich beim Braten nicht verformt. Achten Sie beim Einkauf darauf, nicht zu große Pilze zu bekommen, 4 cm Durchmesser sind optimal. Die Pilze kann man 2–3 Tage im Gemüsefach des Kühlschranks (bei 4–5 °C) aufheben.

TIPPS ZUM GERICHT

Der Ansatz des Risotto

Das Risotto braucht Platz. Deshalb einen großen Topf nehmen. Beim Fond für das Risotto die Sahne erst ganz am Schluss hinein geben, denn die verkleistert sonst leicht das Korn.
Der Ansatz erfolgt mit Olivenöl und Butter bei schwacher bis mittlerer Hitze, damit die Butter nicht verbrennt. Nicht vergessen, fleißig zu rühren.
Für Risotto kauft man in Deutschland meist Arborioreis. Martin Scharffs ultimativer Risottoreis ist Acquerello, so heißt der Carnarolireis der Familie Rondinelli aus dem Piemont. Den gibt es auch gelagert als Jahrgangsrisotto, durchaus bis zu mehreren Jahren alt.

Bezugsquelle: S. 94 f.

Geschnitten, nicht gehackt

Die Schalotten in Brunoise, also in 1–2 mm große Würfel schneiden. Nicht hacken, denn das Hacken quetscht die Schalotte und bringt den Koch zum Weinen. Auch die Kräuter schneiden, statt sie zu hacken. Die ätherischen Öle will man schließlich nicht im Brett haben, sondern in den Gerichten.

Die perfekte Béarnaise

Nach der Reduktion sollten zwei bis drei Esslöffel pro Person bleiben. Für die Emulsion ist dann das Wichtigste, dass Butter und Eier gleiche Temperatur haben. Sobald die Eier Bindung bekommen, das ist so bei 65 °C: runter vom Herd! Und ganz wichtig: weiter schlagen.

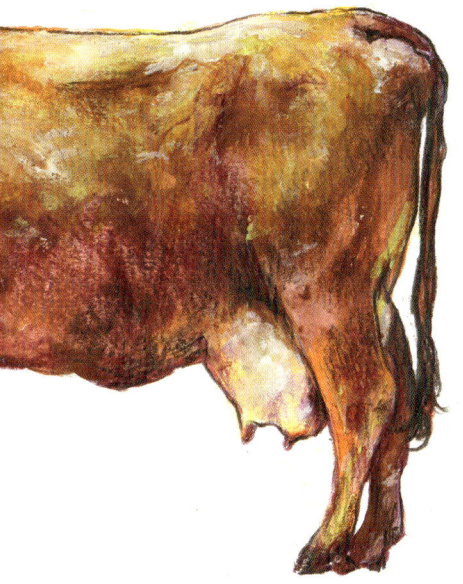

DAS BESONDERE PRODUKT

Glanrind

Die Glan ist ein Fluss in der Pfalz. Von dort kommen die wunderbaren hellbraunen Freilandrinder, die sich auch in schwer bewirtschaftbarem Gelände wohl fühlen. Die Kälber laufen neun Monate mit den Kühen mit. Glanrinder wachsen langsam. Das und die Freilandhaltung sorgen für perfekt marmoriertes Fleisch, das geschmacklich und von der Zartheit beeindruckt.

Die Glanrinderfilets der Slow Food Kochwerkstatt stammen von der Bannmühle, einem Demonstrationsbetrieb für öko-logischen Landbau in Odernheim an der Nahe.

Im Dezember 2007 hat dieSlow Food Stiftung für biologische Vielfalt das Glanrind in die „Arche des Geschmacks" aufgenommen. Mit diesem Projekt bewahrt Slow Food regional wertvolle Lebensmittel, Nutztierarten und Kulturpflanzen vor dem Vergessen.

Bezugsquelle: S. 94 f.

Slow Food Tipp

Ganze Tiere essen. Filet, Kotelett und Schnitzel sind die Klassiker bei Fleischgerichten. Aber auch aus den weniger bekannten und zu Unrecht oft weniger geschätzten Teilen von Tieren lassen sich wunderbare Gerichte zaubern. Die Achtung vor dem getöteten Tier zeigt sich nicht zuletzt in der Wertschätzung aller essbaren Teile. Wer auch mit Kindern über das Thema ‚Schlachten und Töten' von Tieren sprechen möchte, findet wichtige Hinweise unter
www.slowfood.de/kinderkommission

ZU GAST BEI MARTIN SCHARFF

Seit März 2012 kocht Martin Scharff im Restaurant Scharffs Schlossweinstube (früher: Weinstube) im Heidelberger Schloss, das er selbst als „das wohl romantischste Gourmetrestaurant der Region" bezeichnet.

Schlosshof 1, 69117 Heidelberg
Tel. 0 62 21 / 8 72 70 03
www.heidelberger-schloss-gastronomie.de

Zum Kochen gehört Respekt vor dem Produkt. Und zu diesem Respekt gehört die gute Verwertung. Dass dies auch und gerade für die Hochküche gilt, dafür steht die Drei-Sterne-Kochlegende Dieter Müller. Er kocht aromenreich, modern, zeitgemäß, mit frischen Kräutern und gern mit Bio-Produkten.
In dieser Kochwerkstatt zeigt er anspruchsvolle Techniken wie Sous-vide-Garen „leicht gemacht für zu Hause".

DIETER MÜLLER

Drei-Sterne-Kochlegende, Restaurant Dieter Müller auf der MS Europa, Botschafter des guten Geschmacks

Roulade vom Bio-Hähnchen

Maultaschen

Karotten-Stampf

Chili-Eisenkraut-Fumet

Roulade vom Bio-Hähnchen

2 Bio-Hähnchenbrüste
60 g Geflügelfarce
*(30 g Hähnchenfleisch mit
30 g Rahm, beides gut
durchgekühlt mit Petersilie
fein gemixt)*

ZUBEREITUNG

Die zugeschnittenen Brüste (ohne Haut) mit Salz und Pfeffer würzen. 1 Brust 3 mm dick mit der Geflügelfarce bestreichen. Die zweite Brust entsprechend auflegen, zuerst in Klarsicht-, danach in Alufolie einrollen und an den Enden straff zu einer „Wurst" zudrehen. Erst kurz vor dem Servieren im Wasserbad bei 78 °C 10 bis 12 Minuten saftig garen. Kerntemperatur über 56 °C. Anschließend noch 5 Minuten in der Folie warm halten.

Maultaschen

ZUTATEN FÜR 4 PERSONEN

60 g Nudelteig
80 g Geflügelklein *(Herz, Leber, Brustabschnitte)*
20 g Geflügelfarce
(siehe Rezept links)
1 EL Gemüsewürfel, Karotte, Lauch, Petersilienwurzeln, bissfest gegart
6 Blättchen Koriander
1 Eiweiß

ZUBEREITUNG

Geflügel-Innereien in kleine Würfelchen schneiden und mit den weiteren Zutaten und fein geschnittenem Koriander gut vermischen und mit Salz und Pfeffer würzig abschmecken. Nudelteig dünn ausrollen, auf die Hälfte des Teigs mit der Hühnerkleinmasse 4 bis 8 Häufchen mit entsprechendem Abstand belegen. Die zweite Teighälfte mit Eiweiß bestreichen, damit die erste Hälfte bedecken. Mit einer Ringform jedes Häufchen leicht andrücken, mit einem Teigradler oder mit einer etwas größeren Ringform portionieren. Alternative: eine Form wie auf dem Bild oben. Zum Servieren die Maultaschen 4 Minuten in siedendem Salzwasser garen.

Karottenstampf

ZUTATEN FÜR 4 PERSONEN

250 g geschälte, grob
gewürfelte Karotten
40 g klein gewürfelte Karotten
20 g Butter
1 Messerspitze frisch gezupfte
Thymianblättchen
Mark von ¼ Vanilleschote
Prise Salz und Zucker

ZUBEREITUNG

Die grob gewürfelten Karottenwürfel mit etwas
Salz und Zucker in kochendem Wasser weich
garen. Abschütten und sehr gut in einem Küchen-
tuch auswringen. Noch gut warm im Mixer mit
der Butter fein pürieren. Danach durch ein Sieb
streichen, mit Salz und Zucker würzen. Die
klein gewürfelten Karotten in Butter leicht bissfest
garen, und gewürzt mit Thymian, Vanille, Salz
und Zucker, unter das vorbereitete Püree geben
und gut verrühren.

Chili-Fumet

ZUTATEN FÜR 4 PERSONEN

20 g frische Eisenkrautblätter
je 8 cl Noilly Prat und Weißwein
3 dl Geflügelfond
4 weiße Spargel
1 dl Rahm
¼ Chilischote
½ EL Limonen-Olivenöl
20 g Butter
Salz

Eine exotische Variante

Nehmen Sie statt Rahm Kokos-
milch und einen Schuss Chili.

ZUBEREITUNG

Noilly Prat und Weißwein auf die Hälfte reduzieren,
⅔ der Eisenkrautblätter hinein geben, alle weiteren Zutaten, außer der Butter, zugeben. Gut auf
die Hälfte sämig einkochen lassen. Danach passie-
ren, mit Butter und Salz sowie den restlichen
fein geschnittenen Eisenkrautblättern herzhaft
würzen, warm halten.

Den Spargel schälen und in Stifte schneiden. In
Rapsöl kurz mit leichtem Biss braten, mit Salz und
einer Prise Zucker würzen.

ALLES ANRICHTEN

Den heißen Karottenstampf auf heiße, tiefe
Teller platzieren. Spargel und Karottenwürfel anrichten. Die ausgepackte Geflügelroulade in
heißer Butter kurz schwenken, in 4 Scheiben auf-
schneiden, auf den Stampf legen, daneben
eine Maultasche zugeben und mit aufgeschäum-
ter Sauce servieren.

So gelingt die Farce

Das Wichtigste ist, dass die Zutaten richtig durchgekühlt sind, sonst „verbrennt" die Farce beim Aufmixen und verliert ihre Bindung. Das Geflügel also vor dem Mixen anfrieren. Auch die Sahne angefrieren, da reichen aber zehn Minuten. Während der ganzen Verarbeitung darf die Farce nie Zimmertemperatur bekommen. Deshalb auch den Mixbecher kaltstellen!

TIPPS ZUM GERICHT

Richtige Schneidetechnik

„Profis können nicht immer besser kochen, aber fast immer schöner schneiden als der ambitionierte Laie." Da kokettiert Dieter Müller natürlich mit seinem Berufsstand, macht so aber deutlich, wie wichtig ihm die Schneidetechnik ist: Finger anwinkeln. Gewicht ganz vorn auf dem Messer. Nicht auf und ab hacken, sondern in einer fließenden, wellenartigen Bewegung ziehend schneiden. So wirkt auch ein großes und schweres Messer nicht schwer. Auch beim Kräuterschneiden setzt Müller zwei Finger aufs Messer, nicht mehr.

Spargel mal anders

Der Spargel wird bei diesem Gericht gebraten, das ist mal was anderes als gekocht, und der Geschmack kann so ganz sicher nicht im Wasser verloren gehen. Vorbereitung: längs halbieren und in Stifte schneiden.

Sous-vide leicht gemacht

Die Roulade bei diesem Gericht wird „Sous-vide", also vakuumgegart. Das gelingt auch ohne Spezialgeräte, nur mit Klarsicht- und Alufolie und einem Bratenthermometer: Klarsichtfolie aufs Arbeitsbrett legen. Danach die von der Haut befreite Hähnchenbrust mit der Hautseite auf die Folie legen, leicht würzen. Farce aufstreichen, etwa 0,5 cm hoch. Zweite Brust gegengleich auflegen. Folie überschlagen, straff andrehen. Die Klarsichtfolie macht die Roulade wasserdicht, nun folgt die Alufolie, die hält die Form. Ins 75 °C warme Wasserbad legen, nach 10 Minuten mit dem Bratenthermometer prüfen, die Kerntemperatur muss über 56 °C betragen. Die Rouladen kann man vor dem Garen auch gut vorbereiten und problemlos zwei Stunden lang in den Kühlschrank tun.

Tipp Kaffir-Limette

Einen tollen Geschmack ans Fumet gibt die Schale der Kaffir-Limette. Man bekommt sie in Deutschland allerdings schwer.

DAS BESONDERE PRODUKT

Landhuhn

Dieter Müller bereitete ein Landhuhn der Herrmannsdorfer Landwerkstätten zu. In dieser Modellökonomie östlich von München beweisen der einstige Fleischgroßfabrikant und spätere Öko-Vorreiter Karl Ludwig Schweisfurth und sein Sohn, dass Nutztierhaltung auch mit Achtung vor der Natur funktionieren kann. Seit 2009 wird in Herrmannsdorf z.B. wieder eine alte Zweinutzungs-Hühnerrasse mit Freilauf wie früher statt der heute selbst im Biolandbau üblichen Hybridhühner gepflegt. Das Projekt "Herrmannsdorfer Landhuhn" wurde 2012 mit dem Förderpreis Ökologischer Landbau des Bundesernährungsministeriums ausgezeichnet. Mitfinanziert wird das Projekt über Zehnjahres-Darlehen von engagierten Verbrauchern.

Bezugsquelle: S. 94 f.

Slow Food Tipp

Seit Jahrzehnten arbeitet die Hühnerindustrie an dem ‚perfekten' Huhn. Das Ergebnis sind hochgezüchtete Hybridhühner, die entweder auf Legeleistung oder auf schnelle Gewichtzunahme ‚optimiert' werden. Slow Food unterstützt den Erhalt alter Zweinutzungsrassen und eine ethische und artgerechte Hühnerhaltung. Diese bringt zwar keine einseitigen Höchstleistungen, aber dafür dürfen auch die Hähnchenküken überleben und Tiere werden als Mitgeschöpfe behandelt und nicht als Ware.

ZU GAST BEI DIETER MÜLLER

Seit 2010 kocht Dieter Müller 100 Tage im Jahr in seinem Restaurant auf dem Kreuzfahrtschiff MS Europa. Selber kochen mit Dieter Müller kann man in seiner Kochschule im Bergischen Land.

Am Hagen 13, 51519 Odenthal
Tel. 0 21 74 / 4 91 72
Termine auf seiner Website
www.dietermueller.de

Rotzungenfilet

auf Stampfkartoffeln
mit Krabbensud

Er betreibt einen eigenen Kutter auf Sylt und tourt persönlich in Gummistiefeln durch die Austernbänke: Wenn es um die besten Produkte geht, ist Johannes King stets mit vollem Einsatz dabei. Seit zehn Jahren gilt der Schwarzwälder als Deutschlands Aushängeschild für regionale Nordseeküche auf Top-Niveau. Natürlich spürt man die frische nordfriesische Brise auch bei dieser Kochwerkstatt. Dabei ist das Gericht einfach zu kochen und gut kombinierbar.

JOHANNES KING

Zwei-Sternekoch, Söl'ringhof Sylt

Rotzungenfilet

ZUTATEN FÜR 6 PERSONEN

1 Estragonzweig
Meersalz, weißer Pfeffer,
etwas Limettensaft
6 große, geschuppte
Rotzungenfilets **à 120 g**
30 g Butter
20 g Sonnenblumenöl

ZUBEREITUNG

Die Rotzungenfilets in einer beschichteten
Pfanne kurz braten und würzen.

Krabbensud

ZUTATEN FÜR 6 PERSONEN

500 g frische Krabben in der Schale
50 g Butter
30 g Fenchel
30 g Staudensellerie
30 g Champignons
30 g Schalotten
1 Tomate
1 TL Tomatenmark
80 ml Noilly Prat
400 ml Fisch- oder leichter
Gemüsefond
Etwas Fenchelsamen,
Senfsaatkörner, weißer Pfeffer,
Meersalz, etwas Koriander
40 g kleine, eiskalte Butter-
stückchen

ZUBEREITUNG

Die Krabben vom Schwanz her pulen und erst zum
Schluss den Kopf abdrehen. Einige Krabben-
schwänze mit Kopf aufbewahren. Das fein
geschnittene Gemüse mit den Krabbenschalen in
einen Topf geben und in der Butter bei milder
Hitze vorsichtig anschwitzen. Darauf achten, dass
die Krabbenschalen nicht anbrennen – sie
sind sehr dünn. Das Tomatenmark dazugeben und
nochmals anschwitzen, bis sich am Topfboden
eine Röstschicht abzeichnet. Mit Noilly Prat ablöschen, einkochen lassen.

Mit Fischfond aufgießen, Gewürze dazugeben und
auf die Hälfte einkochen lassen. Den Sud durch
ein feines Sieb geben, dabei die Schalen sehr
gründlich ausdrücken. Nochmals etwas einkochen
lassen, abschmecken, die eiskalten Butterstück-
chen mit dem Stabmixer einmixen. Den Sud nicht
mehr kochen.

Stampfkartoffel

ZUTATEN FÜR 6 PERSONEN

400 g mehlige Kartoffel
100 g Gemüse- oder Kartoffelfond
Etwas Meersalz, weißer Pfeffer,
ein Hauch Knoblauch

ZUBEREITUNG

Die Kartoffeln schälen, vierteln und mit Salzwasser
weich kochen – nehmen Sie nur so viel Salzwasser,
das Sie nichts abschütten müssen, sondern die
restliche Flüssigkeit zum Stampfen verwendet
werden kann. Die Kartoffeln im Topf stampfen, mit
Fond auf die gewünschte Konsistenz verdünnen.
Die Kartoffelmasse soll noch kleine Stückchen
enthalten und sämig sein. Würzen mit Meersalz
und weißem Pfeffer.

ALLES ANRICHTEN

Stampfkartoffel mittig auf den Teller geben.
Rotzungenfilet darauf legen. Die Krabben in einem
Sieb ganz kurz im Krabbensud erwärmen und auf
die Rotzungenfilets geben. Das Ganze mit dem auf-
gemixten Krabbensud übergießen.

Krabben richtig pulen

1. Kopf abdrehen.
2. Die „Manschette", also die obere
   Brustpanzerung, aufbrechen.
3. Das Fleisch aus dem restlichem
   Panzer herausziehen.

*Pro Person braucht man 3 EL
gepulte Krabben.*

Stampfen statt zerkochen

Stampfkartoffeln sind die Zwischen-
station zwischen Kartoffelsalat und
-püree. Die Kartoffeln sollen noch spür-
bar sein, stückig, saftig und nicht
trocken. Mit nur so wenig Kartoffelwasser
kochen, dass am Ende gerade 0,1 l übrig
bleibt. Und dieses Wasser auf keinen
Fall wegschütten, sondern nachher beim
Stampfen wieder zuführen; denn im
Wasser ist ja das Beste von der Kartoffel.

TIPPS ZUM GERICHT

Rotzungen filetieren

Der Plattfisch hat vier Filets. Längs in der
Mitte ist gegen das Licht ein schmaler
dunkler Streifen im durchsichtigen Körper
zu sehen. Entlang diesem schneidet
man links und rechts. Und dann löst man
mit einem großen Messer die Filets mit
viel Druck bis auf die Gräte aus.

Noilly Prat

Der staubtrockene französische Wermut
(gesprochen „Noaji Pra") ist beim Kochen
„wahnsinnig wichtig", so Johannes King.
Sein großer Vorteil gegenüber Wein ist
einfach: Er besitzt so gut wie keine Säure,
die sich mit dem Gericht beißen könnte.

Der perfekte Krabbensud

Krabben in einem großflächigen Topf
anschwitzen, nicht so heiß, es soll nur
leicht rösten, nicht anbrennen. Für
den Geschmack außer den gepulten
Karkassen auch eine Handvoll ungepulte
Krabben mitrösten, wenn man nicht
wirklich viele Karkassen hat. Krabben-
sauce einkochen lassen auf 1 Kaffee-
tasse. Würzen mit Pfeffer und Koriander.
Grundsatz: wenig, dafür eine gut redu-
zierte Sauce erstellen. Wir Deutschen
neigen ja meistens dazu, vieles in Sauce
zu ertränken. Dabei ist die Sauce Bei-
werk und soll es auch bleiben.
Krabbensud kann man übrigens auch gut
vorbereiten.

Fischfond selber machen

Fischfond kann sich jeder aus Fischkar-
kassen (Köpfe, Hauptgräten, Flossen,
Haut) selber machen. Dabei sind
weiße Fische die besseren, rote (und
meist fettere) Fische wie Lachs nicht so
gut geeignet. Karkassen in kaltes
Wasser legen, langsam eine knappe
Stunde lang (nicht länger) köcheln. Wenn
länger gegart wird, schmeckt der Fond
leimig und klebt am Gaumen. Den
entstehenden Schaum abnehmen. Damit
werden Schmutz, Trübstoffe, Eiweiß
abgeschöpft. Nur wenig würzen, gar nicht
salzen, weil der Fond ja oft sehr stark
reduziert wird.

Gutes Salz

Letztlich ist ja alles Meersalz. Aber das meiste ist gereinigt, geschönt, gebleicht, alle guten Mineralien sind da draußen. Also lohnt es sich durchaus, ein gutes, teures Salz zu kaufen und es dann gezielt einzusetzen. Grundregel: beim Kochen selbst wenig würzen. Und danach ganz am Schluss das beste Salz drüber streuen. Wem die Körner oder Plättchen zu groß sind, der kann es vorher noch mörsern. Johannes King hebt ein wirklich gutes Salz immer im Tupper und im Kühlschrank auf.

Einkaufstipp

Krabben sind fast immer mit Vitamin C behandelt, das ist nicht deklarations-pflichtig. Gute Krabben sind schwierig zu kaufen. Am besten, man fragt beim Lieferanten seines Vertrauens, wann er eine frische Lieferung bekommt. Oder man lässt sich welche per Postexpress schicken. Einkaufsquelle: Alfred Urthel, Friedrichskoog. Was man nicht sofort verbraucht, kann man auch bis zu 6 Wochen einfrieren. Mit Schalen.

Bezugsquelle: S. 94 f.

Slow Food Tipp

Fisch essen und Überfischung der Meere – passt das zusammen? Ja, wenn Genuss und Verantwortung sich verbinden. Die Erhaltung und der Wiederaufbau der Fischbestände und Meeresökosysteme weltweit ist eine politische Forderung von Slow Food Deutschland. Das bedeutet: Stärkung einer nachhaltigen, regionalen Fischerei und das Beenden zerstöreri-scher Fangmethoden. Und ganz konkret: die Variation der Fische auf dem Teller erhöhen – es gibt über 7.000 essbare Fischarten. Essen Sie auch mal un-bekannte Arten, wie Quappe, Plötze, Blei und Co... eine wohlschmeckende Entdeckung.

ZU GAST BEI JOHANNES KING

Johannes King kocht seit 2002 im Zwei-Sterne Restaurant des Dorint Hotel Söl'ring Hof in Rantum auf Sylt.

Am Sandwall 1
25980 Rantum / Sylt
Tel. 0 46 51 / 83 62 00
www.soelring-hof.de

Resteküche

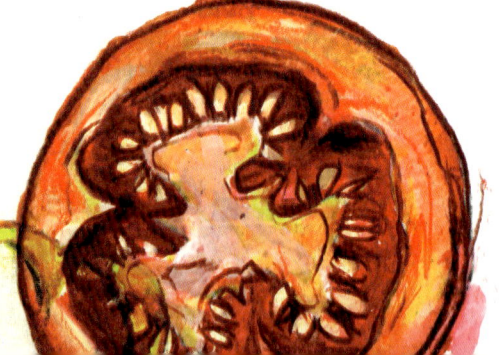

Easy cooking: Das ist das Leitmotiv von TV-Koch Andreas C. „Studi" Studer. Er steht für Gerichte, die fix zubereitet und attraktiv sind. Er will nicht „vor dem Kochen stundenlang rumlaufen müssen, um die nötigen Zutaten einzukaufen" und kocht gern mit dem, was eben da ist. „Für meine Resteküche mache ich einfach den Kühlschrank auf und lasse mich von dem inspirieren, was als erstes weg muss." In dieser Kochwerkstatt will Studer „Impulse geben". Einfach, schnell und unkompliziert.

ANDREAS C. „STUDI" STUDER

IV-Koch, Lanz kocht

Schweizer Apfelröschti

ZUTATEN FÜR 4 PERSONEN

2 Äpfel, geschält, gewürfelt
4 Scheiben Kastenweißbrot,
altbacken bzw. vom Vortag,
in Würfel geschnitten
4 EL Zucker, je nach Geschmack
auch mehr
100 g Butter zum Anbraten,
Puderzucker, Zimt nach Geschmack

ZUBEREITUNG

Das Brot in nicht zu kleine Würfel schneiden und mit Butter weich braten. Die Äpfel nicht schälen, sondern in Stücke von 2 cm Seitenlänge schneiden. Apfelwürfel mit Zucker und 100 ml Wasser aufkochen, zugedeckt 10 Minuten garziehen lassen. Wenig Saft vom Apfelkompott zu den gerösteten Brotwürfeln geben, abgegossene Apfelstücke über das Brot streuen, mischen, dann Zuckersud dazu. Mit etwas Puderzucker und Zimt bestreuen.

Hähnchensalat
mit Pasta, roten Linsen und Zuckerschoten

ZUTATEN FÜR 4 PERSONEN

½ Hähnchen, gegrillt vom Vortag
1 Zwiebel
100 g rote Linsen
300 ml Gemüsebrühe
1 St. Sternanis
200 g Pasta
2 EL Olivenöl
1 EL Kürbiskernöl
100 g Zuckerschoten

ZUBEREITUNG

Hähnchenfleisch fein zerzupfen. Zwiebel in Würfel schneiden, in Öl andünsten. Linsen beigeben, mit Brühe angießen, 12 Minuten mit Sternanis garkochen. Pasta al dente kochen. Zuckerschoten in Streifen schneiden, in Öl anbraten, mit wenig Brühe zu Ende garen. Alle Zutaten mischen, mit Salz, Pfeffer und Kürbiskernöl abschmecken.

Bruschetta

ZUTATEN FÜR 4 PERSONEN

16 Scheiben Baguettebrot oder -brötchen
4 Tomaten
Olivenöl
Knoblauch, Salz, eine Prise Zucker, Pfeffer

ZUBEREITUNG

Die Brotscheiben in Olivenöl knusprig anrösten. Tomaten würfeln und in Olivenöl kurz schmoren, würzen und auf die gerösteten Brotscheiben streichen, servieren.

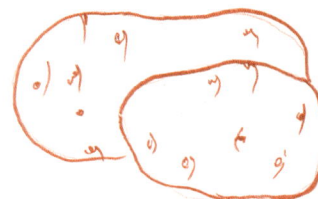

Tortilla

ZUTATEN FÜR 4 PERSONEN

500 g gekochte Pellkartoffeln
1 Zwiebel
2 rote Paprikaschoten
(oder ein Brokkoli)
3 EL Olivenöl
1 EL Butter
8 Eier
Salz, Pfeffer

ZUBEREITUNG

Ofen auf 150 °C vorheizen. Zwiebeln und Paprika in
Streifen schneiden. In Olivenöl und Butter 5
Minuten andünsten, Kartoffeln schälen. In dünne
Scheiben schneiden und dazu geben. Eier
verquirlen, würzen. Dazu geben und 4 Minuten
bei mittlerer Hitze stocken lassen. Im Ofen
15 Minuten backen. Auf Teller stürzen, in Torten-
stücke schneiden und mit einem Blattsalat
servieren. Die Tortilla schmeckt auch mit Brokkoli
wunderbar (siehe Foto).

Bananen-Shake

ZUTATEN FÜR 4 PERSONEN

2 reife Bananen
3 EL Honig
Saft einer halben Zitrone
1 EL Ingwer, frisch
500 ml Milch
6 Eiswürfel

ZUBEREITUNG

Zutaten im Mixer fein pürieren.

Erdbeermarmelade

ZUTATEN FÜR 4 PERSONEN

500 g Erdbeeren
200 g Zucker
1 unbehandelte Zitrone, nur Abrieb
3 EL Balsamico

ZUBEREITUNG

Erdbeeren putzen, halbieren. Mit Zucker in einer Kasserolle 15 Minuten bei mittlerer Hitze zu Konfitüre kochen, bis diese geliert. Zitronenabrieb und Balsamico beigeben, lauwarm zum Frühstück oder zu Schweizer Käse servieren. Einkochen: Kochende Masse in ausgekochte Gläser geben, verschließen und auf Deckel liegend abkühlen lassen.

Grenzwertige Erdbeeren

Die Erdbeeren in Ihrem Kühlschrank haben ihre besten Zeiten schon hinter sich? Aber da geht noch was: Erdbeeren wenn nötig großzügig ausschneiden und Konfitüre draus kochen. Das schmeckt und ist so sicher wie steril, weil ja gekocht.

Ei noch okay?

Wenn Sie sich unsicher sind: Aufschlagen und erst mal dran riechen, bevor Sie das Ei in den großen Topf zu den anderen tun.

Rucola nicht gleich wegwerfen

Der Rucola sieht nicht mehr gut aus, lässt den Kopf hängen? Da lässt sich trotzdem noch was draus machen:

1. Die akzeptablen Bestandteile erst mal wässern.
2. Den Rucola anschließend grob hacken, dann kommt der Geschmack heraus.

Fleißige Helfer

Sie bleiben stets im Hintergrund, aber ohne sie wäre eine Veranstaltung wie die Slow Food Kochwerkstatt nicht zu stemmen: Slow Food Mitglieder vom Convivium Stuttgart helfen beim Aufräumen und Abwasch.

TELLER STATT TONNE

Aktion gegen Lebensmittelverschwendung

Hätten sie's gewusst?

In den Industriestaaten landen jährlich 220 Millionen Tonnen Lebensmittel im Müll.

In Deutschland allein in Privathaushalten 82 Kilo pro Person.

Jeder Bundesbürger wirft im Jahr für 235 Euro unnötigerweise Essen weg.

Jedes vierte Gemüse, jedes fünfte Stück Obst und jedes fünfte Brot landen im Müll statt auf dem Teller.

47% der Lebensmittelabfälle wären vermeidbar, vieles davon noch genießbar.

(Quelle: BMELV Studie, durchgeführt an der Universität Stuttgart)

Slow Food Tipp

Seit 20 Jahren engagiert sich Slow Food Deutschland für die Wertschätzung und gegen die Verschwendung von Lebensmitteln. Unter dem Titel Teller statt Tonne! machen wir seit 2011 gemeinsam mit Partnern mobil gegen die Vernichtungskette vom Acker bis auf den Teller und haben dabei viele tausend Menschen erreicht. Für die Teller statt Tonne Veranstaltungen hat Slow Food Deutschland ein besonderes Format entwickelt. Mehr Informationen und wo die nächste Teller statt Tonne Aktion stattfindet, erfahren Sie unter www.slowfood.de. Wir laden Sie herzlich dazu zum Protestessen ein!

ZU GAST BEI STUDI STUDER

Andreas C. Studer kocht seit 1997 in vielen Kochshows im deutschen und Schweizer Fernsehen. Seine Gerichte serviert der Baseballkappenträger seit zwei Jahren exklusiv in den Speisewagen der Schweizer Bundesbahnen. In seinem aktuellen Buch "Meine Schweizer Kühe" präsentiert er erstmals sein Hobby Fotografieren in einem Bildband.

Nachhaltig genießen
– mit Spaß für die ganze Familie

Kochen mit Kindern macht einfach Spaß. Und gemeinsam etwas zubereiten ist bereits der erste Schritt zu bewusster Ernährung und Tischkultur. Wie es geht, zeigt in dieser Kochwerkstatt Hubert Hohler gemeinsam mit seinen drei Kindern. Hohler ist Gourmetkoch für Vollwerternährung und bildet Vollwertköche aus. Seine Philosophie: 100 Prozent frisch, 100 Prozent bio, kein vorgemahlenes Mehl sowie ein gleich hoher Gesundheits- wie Genussfaktor. Hubert Hohler verzichtet komplett auf tierische Fette.

HUBERT HOHLER

MIT LEONIE, FELICITAS UND SEBASTIAN

Hohler ist Küchendirektor der Buchinger-Klinik und Slow Food-Convivienleiter Bodensee

Kohlrabi-Apfel-Salat
Grünkern-Burger
Schokoaufstrich selbstgemacht
mit Pfannkuchen

Nussaufstrich

ZUTATEN

250 ml Milch
3 EL Kakaopulver
1 Prise Naturvanille
1 Prise Salz
30 g Polenta
50 g Nüsse fein gerieben
10 g Mandelöl
60 g Honig

ZUBEREITUNG

Die Milch mit dem Kakaopulver, der Vanille und dem Salz aufkochen. Die Polenta und die geriebenen Haselnüsse in die kochende Milch einrühren und 2 bis 3 Minuten kochen, bis ein Brei entstanden ist. Nun das Öl und den Honig in die noch heiße Masse einrühren, abschmecken und mit dem Pürierstab fein pürieren. In ein Glas füllen und auskühlen lassen.

Kohlrabi-Apfel-Salat

ZUTATEN FÜR 2 PERSONEN

Für die Marinade
4 EL Rapsöl oder Salatölmischung
3 EL Essig oder weißer Balsamico
Salz, Pfeffer

Für den Salat
200 g Kohlrabi
100 g Apfel

ZUBEREITUNG

Essig, Öl, Salz, Pfeffer in eine Schüssel geben und verrühren. Die Kohlrabi schälen und in die Salatsauce reiben. Direkt verrühren. Den Apfel mit der Schale ebenfalls reiben, untermengen und abschmecken.

Dinkelwrap

ZUTATEN FÜR 2 PERSONEN

200 g Dinkel fein gemahlen
400 ml Milch
1 Ei
Salz
Etwas Bratöl

ZUBEREITUNG

Das Vollkornmehl mit Salz vermischen, die Milch einrühren, sodass ein glatter Teig entsteht. Diesen Teig 30 Minuten quellen lassen. Das Ei einrühren. Die Wraps dünn ausbacken.
Den Wrap füllen z.B mit Ziegenfrischkäse, knackigen Gemüsen oder Salat. Oder süß mit Nussaufstrich (siehe oben).

Grünkern-Burger

ZUTATEN FÜR 4 PERSONEN

100 g Grünkern, geschrotet
1 EL Tomatenmark
200 ml Gemüsebrühe /Wasser
½ St Zwiebel
1 Knoblauchzehe
1 Karotte
10 g Olivenöl
1 Ei
1 Zweig Majoran
Salz, Pfeffer
100 g Reibekäse

Als Pausensnack
4 Partybrötchen
4 Blätter Eisbergsalat
1 Tomate
1 Gurke

ZUBEREITUNG

Den Grünkern trocken im Topf andarren, das Tomatenmark dazugeben und mit der Gemüse-brühe ablöschen, aufkochen und ausquellen lassen. Die Zwiebeln und die Karotte in feine Würfel schneiden oder fein reiben, in der Hälfte des Öls andünsten. Den Knoblauch dazu pressen und mit dem Grünkernschrot vermengen. Den Majoran hacken und zusammen mit dem Ei eben-falls zum Grünkern geben. Verfeinern Sie den Bratling, indem Sie den Reibekäse (Alternative: Senf) vor dem Anbraten unter die Grünkernmasse kneten. Mit Salz und Pfeffer abschmecken. Danach kleine Bratlinge formen und in der Pfanne oder im Backofen ausbacken.

Grünkern muss duften

Den Grünkern sollten Sie Vollgas anbraten. Aber Achtung, dass er nicht verbrennt. Das Röstaroma muss angenehm duften, die Kerne sollen leicht braun sein, dann ist er so weit.

TIPPS ZUM GERICHT

Karotten nicht schälen

Eine Karotte aus Bioanbau muss nicht geschält werden. Waschen, oben und unten abschneiden, das reicht.

Nicht alles reiben

Wenn es bei den Karotten mit der Reibe zu lange dauert: Einfach den Kindern etwas in den Mund geben, dann ist die Karotte aufgebraucht und die Frischkost für den Tag auch schon erledigt.

Der Bratling bröselt

Wenn die Masse zu bröslig ist, kann man auch mal einen Löffel Quark dran machen. Eigentlich reicht aber der Reibekäse und das Ei.

Salatsauce zuerst

Die Salatsauce immer zuerst zubereiten. Dann Kohlrabi und Karotte direkt in die Schüssel rein reiben, damit die Vitamine nicht verloren gehen.

Der Test mit dem Wassertropfen

So prüfen Sie in der Pfanne, ob das Öl bereits 100 °C hat: einen Tropfen Wasser dazu geben – wenn er verdampft, dann ist es heiß genug.

Slow Food Tipp

Slow Food bemüht sich in vielerlei Weise bei Kindern und Jugendlichen die Freude am Essen zu wecken und die Grundlage dafür zu schaffen, dass aus den Kindern von heute mündige Ko-Produzenten von morgen werden. ,Gut, sauber und fair von Anfang an' heißt es daher bei Slow Food Deutschland. Anregungen und Informationen, wie Kindern genussvolles und bewusstes Essen näher gebracht werden kann, finden Sie in unserer Broschüre ,Slow Food Junior'.
Schauen Sie doch mal rein:
http://issuu.com/slowfooddeutschland/docs/slowfoodjunior

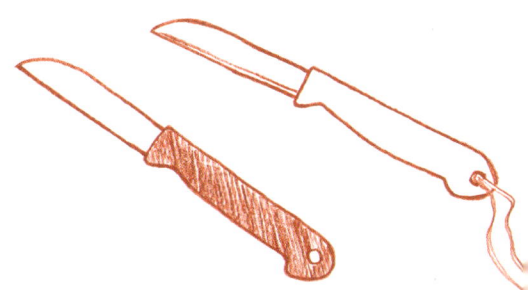

Kinder mögen Nussaufstrich

Kinder lieben es, wenn sie bei der Nussaufstrich-Herstellung helfen dürfen. Und diese Art von Aufstrich darf gerne auch fingerdick aufs Brot gestrichen werden.

ZU GAST BEI HUBERT HOHLER

Wer bei Hubert Hohler essen will, der muss in der Buchinger Fastenklinik einchecken. Doch keine Angst: 30 bis 40 Prozent der Gäste fasten gar nicht, sondern kommen wegen der hochgelobten vegetarischen Vollwertküche. 60 Prozent der Gäste stammen übrigens aus dem Ausland.

Wilhelm-Beck-Straße 27
88662 Überlingen
Tel. 0 75 51 / 80 7-0
www.buchinger.com

Regional.
Vegetarisch.
Lecker.

Erprobt an Hunderttausenden

Hutspot

mit gebratener Rote Bete/Zwiebelsauce,
gebratenen Selleriescheiben
und Karotten- und Weißkohlsalat

Burger Brezel
mit Joghurt

„Zuerst mal das Wichtigste: Ich bin kein Koch." Stimmt. Wam Kat ist eigentlich Doktor der Psychologie und fing vor 30 Jahren „eher zufällig" an, mit Freunden für die Teilnehmer von Friedens-Demos zu kochen. Dabei ist es bis heute geblieben. Mal für hundert. Mal für tausend. Mal für hunderttausend. Egal, Wam Kat bleibt immer zuversichtlich. Er kocht vor allem mit Produkten, die beim Bauern auf dem Feld bleiben, weil sie nicht marktgängig sind. Zum Beispiel zu große oder zu kleine Kartoffeln. Bei dieser Kochwerkstatt will er den Teilnehmern vor allem eins vermitteln: „Keine Angst zu haben in der Küche, sondern einfach machen. Ihr werdet sehen, es funktioniert."

WAM KAT

Aktivist, Koch, Journalist und Autor

Hutspot

ein altes niederländisches Eintopfrezept

ZUTATEN

1 kg Kartoffel
0,5 kg Karotten
0,4 kg Zwiebeln
0,3 kg Sellerieknolle
1 l Sojadrink
*(Kräuter)*salz
Pfeffer
Ein bisschen Gemüsebrühepulver

ZUBEREITUNG

Alle Gemüse waschen (Kartoffel eventuell schälen) und in kleine Würfel scheiden. Zwiebel in halbe Ringe schneiden. Alles mit Salz und Sojamilch ansetzen, die Milch soll genau bis an den oberen Rand des Gemüses aufgefüllt werden. Wenn die Sojamilch nicht reicht, mit Wasser ergänzen. Alles vorsichtig zum Kochen bringen und auf kleiner Flamme etwa 35 Minuten köcheln lassen. Aufpassen, dass nichts anbrennt oder überkocht.
Wenn alles durch und gar gekocht ist, mit einem Kartoffelstampfer richtig zu Brei stampfen.
Mit Pfeffer und Salz (und eventuell Gemüsebrühepulver) abschmecken.

Rote Bete / Zwiebelsauce

ZUTATEN

1 kg Rote Bete (*am liebsten unge-kochte, alternativ: etwas weniger, z.B. 600 g gekochte Rote Bete*)
4 bis 5 große Zwiebeln
Balsamico
(Oliven)öl
(Margarine)
Salz

ZUBEREITUNG

Rote Beten ungeschält im Wasser zum Kochen bringen. Dann abhängig von der Größe der Beten eine halbe Stunde oder mehr durchkochen lassen, bis sie gar sind. Sie sind fertig, wenn Sie mit der Gabel einfach hineinstechen können. Sobald die Roten Beten gar sind, werden sie geschält und danach in kleine, 1 cm große Würfel geschnitten. Die Zwiebel in halbe Ringe schneiden und in Olivenöl andünsten. Wenn sie glasig werden, die Rote-Bete-Würfel dazugeben und leicht anbraten, ablöschen mit einem ordentlichen Schuss Balsamico, eventuell Margarine dazu geben und, wenn gewünscht, Salz. Auf niedriger Flamme weiter köcheln lassen und immer mal wieder umrühren. Es soll nicht anbrennen.

Gebackene Selleriescheiben

ZUTATEN

1 große Sellerieknolle
Paniermehl (*oder 2 alte harte Brötchen*)
(Kräuter)salz
Pfeffer
Sojamilch
(*Für Nicht-Veganer: ein Ei*)

ZUBEREITUNG

Vom Sellerie 4 große, etwa 1 cm dicke Scheiben schneiden. Die Reste des Sellerie können z.B. im Hutspot verarbeitet werden.
Von der Sojamilch und dem Paniermehl (bzw. den zerkrümelten alten Brötchen) mit dem (Kräuter)salz und ein bisschen Pfeffer einen klebrigen Teig rühren. Die Selleriescheiben eventuell mit Soja-milch oder Wasser nass machen und dann an jeder Seite in den Teig drücken, bis auf jeder Seite eine Kruste von Paniermehl angeklebt ist.
Bei nicht zu großer Flamme an beiden Seiten goldgelb backen. Sie können mit einer Gabel kontrollieren, ob die Selleriescheibe durch ist: Bei wenig Widerstand ist sie gar.

Karottensalat

ZUTATEN

4 große Karotten
Öl
Zitrone

ZUBEREITUNG

Karotten waschen und klein raspeln, mit Öl und
Zitrone abschmecken.
Eventuell können noch geröstete Sonnenblumen-
kerne dazu gegeben werden oder geraspelter
Apfel. Durch den Zitronensaft werden die Karotten
nicht dunkel und der Apfel nicht braun.

Weißkohlsalat

ZUTATEN

1 Viertel Weißkohl
Salz
Öl
Pfeffer

ZUBEREITUNG

Weißkohl in richtig dünne Scheiben schneiden,
je feiner desto besser, und mit ein bisschen Salz
– aufpassen: es ist schnell zu viel – gut durch-
kneten, bis die Feuchtigkeit aus dem Kohl kommt.
Mit ein bisschen Öl und Pfeffer abschmecken.
Auch hierbei kann jeder nach Belieben
experimentieren.

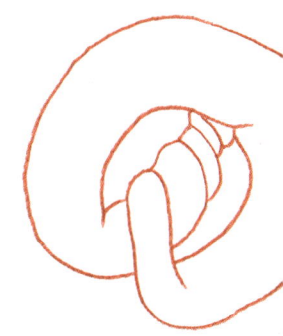

Burger Brezel mit Joghurt

ZUTATEN

(Menge je nach Personenanzahl kalkulieren)

Naturjoghurt
Himbeer-Konfitüre
Burger Brezeln

└── Bezugsquelle: S. 94 f.

ZUBEREITUNG

Man nehme Naturjoghurt und gebe ein wenig Himbeerkonfitüre obenauf.
Mit Burger Brezeln dekorieren.

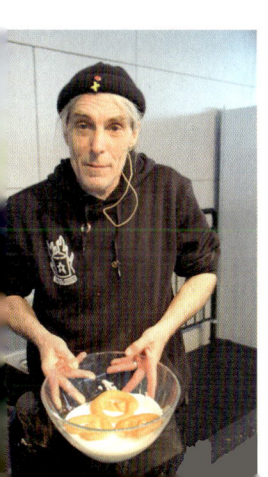

Sojamilch zweimal verwenden

Die Kartoffeln werden bei diesem Rezept statt in Wasser gleich in der Sojamilch gekocht.

Rote Bete: Erst kochen, dann schälen

Rote Bete erst kochen, nachher schälen, das geht viel einfacher. Die Haut der gekochten Beten können Sie problemlos von Hand pellen.

TIPPS ZUM GERICHT

Aus Abfall wird Brühe

Normalerweise würde Wam Kat alle Schnippelabfälle aufheben, das ist eine gute Vorlage für Gemüsebrühe.

Weißkohl gegen Aggressionen

Weißkohlsalat versucht Wam Kat so dünn wie möglich zu schneiden. Das ist fast schon eine meditative Aufgabe. Und die ideale Ablenkung, wenn einem ein Problem im Kopf herumgeht. Und dann einfach mit den Händen kneten, dabei kann man gut alle Aggressionen loswerden, die man gegen andere hat.

„Essen ist eine politische Handlung."

WAM KAT

Slow Food Tipp

Slow Food unterstützt eine nachhaltig wirtschaftende bäuerliche Landwirtschaft weltweit, lokale Lebensmittelnetzwerke und eine solidarische Landwirtschaft. Die Förderung lokaler Wirtschaft ist eine Alternative zu einem industriellen System, das Ressourcen vergeudet und die Vielfalt zerstört. Wir geben kurzen Produktionsketten den Vorzug, achten auf frische Produkte, die saisonal sind und aus der Umgebung stammen und geschmackvoll sind.

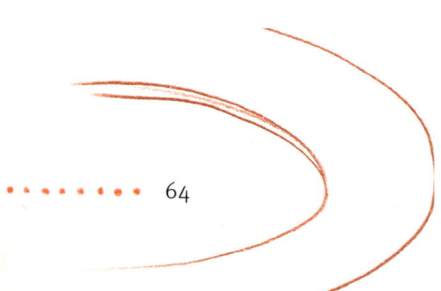

Kochen für viele

„Man darf nur keine Angst davor haben. Da kann eigentlich wenig schief gehen. Wenn man für hundert Leute zu viel Salz im Topf hat, dann tut man einfach zehn Liter Wasser dazu. Wichtig ist: Man muss immer dran denken, dass etwas Warmes im großen Topf weiter gart. Nudeln sind deshalb das schwierigste auf Demos, die muss man sehr al dente kochen. Auch Risotto ist nicht wirklich geeignet. Ganz einfach geht dagegen Polenta, oder noch besser Couscous. Der ist in fünf Minuten fertig. Faustregel: 1 kg Couscous reicht für 15 Leute. Und: Couscous wird beim Kochen in etwa dreimal so groß."

DAS BESONDERE PRODUKT

Burger Brezel

Wam Kat verwertet, was er angeboten bekommt. Für diese Kochwerkstatt bekam er etwas sehr seltenes: Burger Brezeln. Die Burger Brezel ist nicht salzig, sondern leicht süß und so trocken wie ein Zwieback. Man erkennt sie leicht am vier- bis fünffachen Brezelknoten. Burger hat nichts mit Hamburger zu tun, die Brezel stammt aus Burg an der Wupper und eignet sich auch hervorragend als Unterlage für gehaltvollere Cremes oder Mascarpone. Im Mai 2010 hat die Slow Food Stiftung für biologische Vielfalt die Burger Brezel in die „Arche des Geschmacks" aufgenommen. Mit diesem Projekt bewahrt Slow Food regional wertvolle Lebensmittel, Nutztierarten und Kulturpflanzen vor dem Vergessen.

ZU GAST BEI WAM KAT
Auf welcher Demo Wam Kat als nächstes kocht, steht auf seiner Website www.wamkat.de unter „about me / my calendar".

Storycooking

Küchenchefin Flora Hohmann
beim Anrichten der Blattsalate

Wer bei dieser Kochwerkstatt mitmachen wollte, der musste mindestens eine Zutat mitbringen, zu der er ein besonderes Verhältnis hat. Diese schöne Idee hatte das Slow Food Youth Network, die Jugendorganisation von Slow Food. Das Ergebnis: Spontan kochen funktioniert eigentlich immer. Man braucht kein Superrezept von einem Kochstar. Und das schönste: In so einem Topf entsteht etwas ganz Besonderes, weil die Geschichten aller Zutaten mit drin sind.

FLORA HOHMANN, HENDRIK HAASE, EVA ENDRES

Mitglieder von Slow Food Youth Deutschland

Blattsalat
mit Ziegenfrischkäse, Curry-Vinaigrette und Croutons

(und allem, was Ihnen sonst noch zum Salat schmeckt)

REZEPT FÜR 2 PERSONEN

ZUTATEN

3 Hände voll gewaschenem Blattsalat je nach Geschmack und Jahreszeit
Ziegenfrischkäse *oder ein anderer Frischkäse. Man kann auch einen Bergkäse verwenden und ihn in Streifen oder Würfel schneiden.*
2 Scheiben altes Brot
Olivenöl
Pfeffer, Salz

Zutaten für Vinaigrette
2 EL Essig (Apfelessig oder Weißweinessig)
4 EL ÖL (Traubenkernöl, Sonnen-blumenöl oder mildes Olivenöl)
1 TL Currypulver
Pfeffer, Salz
½ TL Honig (oder Zucker)

ZUBEREITUNG

Zuerst den Essig mit den Gewürzen und dem Honig in einer Schüssel vermischen. Anschließend das Öl unter Rühren hineinfließen lassen. Alles mit Salz und Pfeffer abschmecken. Den Blattsalat mit der Vinaigrette marinieren und zusammen mit den in einer Pfanne kross gebratenen Croutons und dem Käse auf einem Teller anrichten.

Tipp: Sie können die Vinaigrette auch mit Kräutern, anderen Gewürzmischungen oder einer fein geschnittenen Schalotte zubereiten.

Risotto
mit saisonalem Gemüse

ZUTATEN

1 Schalotte
150 g Reis
100 ml Weißwein
50 g Parmesan
2 EL Butter
Olivenöl

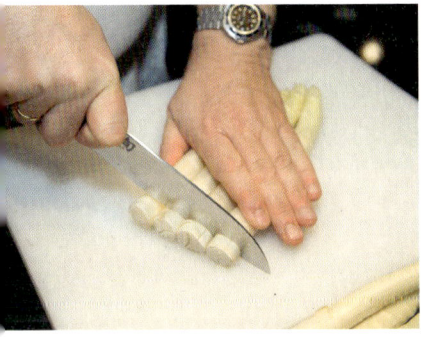

ZUBEREITUNG

Die Schalotte schälen, in feine Würfel schneiden. Die Würfel in Olivenöl glasig dünsten. Den Reis dazugeben und kurz mitschwitzen lassen. Mit dem Weißwein den Reis ablöschen und die Flüssigkeit verdampfen lassen. Die heiße Brühe unter vorsichtigem Rühren nach und nach dazu gießen, bis sie aufgebraucht ist und der Reis noch etwas Biss hat. Zum Schluss Parmesan und Butter unterrühren, mit Salz und Pfeffer würzen.

Tipp: So können Sie mit diesem Gericht improvisieren: Das Risotto kann je nach Belieben und Saison mit Spargel, Zucchini, Zuckererbsen oder frischen Tomatenstücken verfeinert werden.
Das Gemüse kann man entweder zum Ende zum Risotto geben und es darin garen, oder man brät das Gemüse in einer Pfanne an und serviert es zum Risotto.
Frische Kräuter wie Estragon, Basilikum oder Petersilie machen aus einem Risotto gleich ein spannenderes frisches Gericht.

Topfencreme
mit Apfel-Rhabarber-Kompott
und karamellisierten Erdmandeln

ZUTATEN

Für die Topfencreme
100 g Topfen
50 g Crème fraîche
3 EL Zucker oder Agavendicksaft
oder Honig (je nach Geschmack)
1 Päckchen Bourbon-Vanillezucker
Schale von einer halben Bio-Zitrone

Für das Kompott
Tipp: Für das Kompott können Sie
fast jedes Obst der Saison verwen-
den. Es eignen sich Äpfel, Birnen,
Aprikosen, Zwetschgen, Rhabarber.
Mit Gewürzen wie Nelke, Zimt oder
Vanille lässt sich ein Kompott
verfeinern.

*Für die karamellisierten
Erdmandeln*
50 g Erdmandeln
20 g Zucker
Tipp: Natürlich können Sie auch
andere Nüsse wie Walnüsse oder
Mandeln verwenden.

ZUBEREITUNG

Alle Zutaten der Topfencreme in einer Schüssel mit
einem Schneebesen vermengen. Die Zitronen-
schale darüber reiben und ebenso untermischen.
Je nach Belieben süßen. Als Alternative zum
Zucker kann auch Agavendicksaft oder flüssiger
Honig verwendet werden.

Das Obst waschen und schälen, in Würfel oder
Scheiben schneiden. In einem Topf das geschnittene Obst mit etwas Flüssigkeit und den Gewürzen
so lange mit einem Deckel bedeckt köcheln, bis
es weich ist. Zum Kochen soll der Boden mit ca.
2 cm Flüssigkeit bedeckt sein. Man kann Obstsaft,
Wein oder Wasser verwenden.

In einer beschichteten Pfanne den Zucker bei
sanfter Hitze schmelzen lassen, bis er
goldgelb ist. Nun die Nüsse dazugeben und alles
einmal schwenken. Auf einem Blech die Nüsse
abkühlen lassen, mindestens 10 min. Vorsicht,
Karamell wird sehr heiß! Dann kann der Karamell
gebrochen werden und zusammen mit dem
Kompott und der Topfencreme angerichtet werden.

Tipps
zum improvisiertem Kochen

Das sollten Sie immer in Ihrer Küche haben

Salz, Pfeffer, Zucker oder Honig, Öl, etwas Scharfes wie Chili und etwas Saures wie Essig oder Zitrone

Das richtige Handwerkszeug

Pfanne, Topf, Schüssel, Messer, Kochlöffel, Brett

Gute Freunde, Kochbücher oder das Internet

Rufen Sie Freunde an und fragen Sie sie um Rat. Was kann ich aus Zucchini machen? Ein gutes Basiskochbuch enthält viele Grundrezepte, die man mit etwas Mut abwandeln kann. Im Internet finden sie zahlreiche Foren und Kochtipps zu jedem Thema.

Einen Wochenmarkt

Auf einem Wochenmarkt gibt es viel Inspiration und saisonales Gemüse. Fragen Sie die Verkäufer, was gerade besonders gut schmeckt und wo es herkommt. Lassen Sie sich vom Angebot inspirieren. Ein Rezept findet sich zu jedem Produkt.

Die beste Zutat: Kreativität

Die Küche bietet endlosen Raum für Experimente, Entdeckungen und Überraschungen. Dafür brauchen Sie weder Rezept noch Studium, nur Ihre Sinne und einen Bauch voller Neugier. Legen Sie einfach mutig los und lassen Sie sich vom Ergebnis überraschen...

Tipp für Ihre Einladung

Probieren Sie es selbst mal aus, lassen Sie Ihre Gäste etwas mitbringen und sie dann über ihr Mitbringsel erzählen. Das zeigt: Es gibt eine Beziehung zwischen Mensch und Lebensmittel.

Wenn Karamell verbrennt

Versuchen Sie nicht, mit dem Messer zu kratzen. Einfach Wasser aufstellen und die Pfanne noch mal heiß werden lassen. Und schon ist die Pfanne wieder wie neu.

Erst Käse oder erst Dessert?

Das ist auch für das Slow Food Youth Network (SFYN) wichtig: die klassischen Regeln der Hochküche zu kennen. Denn wie soll man erfolgreich provozieren, wenn man die Regeln nicht kennt, die man in Frage stellen will? Das SFYN entschied sich übrigens für die klassisch-französische Variante: erst Käse, dann Dessert.

TIPPS ZUM GERICHT

Slow Food Tipp

Die Jugend von Slow Food Deutschland ist Teil des weltweiten Slow Food Youth Networks und setzt sich auf ganz kreative und besondere Weise für ein besseres und faires Lebensmittelsystem und eine zukunftsfähige Esskultur ein. ein. Slow Food Youth macht Schnippeldiskos, Eat Ins, geht auf Demos, macht Aktionen gegen Lebensmittelverschwendung, bewirtschaftet Studentengärten, und informiert in Workshops über Landwirtschaft, Agrarpolitik und unser Lebensmittelsystem.

Dinge, die Du sofort tun kannst

 Besuche einen Bauern in Deiner Nähe

 Lass Dich vom Wochenmarkt zu einem neuen Gericht inspirieren

Backe Dein eigenes Brot und mache Deine eigene Marmelade

 Kaufe einen Tag in der Woche nicht im Supermarkt ein

 Pflanze Kräuter in Deinen alten Schuhen an

 Koche für Deine Freunde

 Nimm Dir Zeit zum Genießen

Mehr Tipps von Slow Food Youth Deutschland unter:
www.slowfoodyouth.de

DAS BESONDERE PRODUKT

Hinterwälder Rind

Einer der Teilnehmer brachte zu dieser Kochwerkstatt einen Fond vom Hinterwälder Rind mit. Europas kleinste Rinderrasse ist in den Hochlagen des südlichen Schwarzwalds zu Hause. Das trittsichere und genügsame Rind hat die typischen Allmendeweiden an Belchen und Feldberg überhaupt erst geschaffen, sein marmoriertes Fleisch und die Omega 3-Fettsäure-reiche Milch werden von Kennern gerühmt. Trotzdem wäre das Tier in den 1970er-Jahren fast ausgestorben – die Fleisch- und Milchleistung konnte mit den Turbokuhrassen nicht mithalten. Seit Ende der 1980er-Jahre kümmert sich ein Förderverein um die Erhaltung. Im Herbst 2006 hat dieSlow Food Stiftung für biologische Vielfalt das Hinterwälder Rind in die „Arche des Geschmacks" aufgenommen. Mit diesem Projekt bewahrt Slow Food regional wertvolle Lebensmittel, Nutztierarten und Kulturpflanzen vor dem Vergessen.

Bezugsquelle: S. 94 f.

ZU GAST BEI FLORA HOHMANN

Flora Hohmann ist Küchenmeisterin, TV-Köchin und Beraterin für regionale Gastronomiekonzepte. Sie erreichen Sie unter www.flora-hohmann.de

Albbüffel trifft Alblinse

Regional, fair, biodynamisch. So lautet das Credo von Simon Tress. Schon der Großvater des neuen Aushänge-schilds der schwäbischen Kochkunst stellte 1950 auf den strengen Demeter-Standard um. Heute führt Tress gemein-sam mit seinen Brüdern das biozertifizierte Hotel-Restau-rant „Rose". Gelernt hat der Shootingstar am Herd u.a. in der Traube Tonbach in Baiersbronn. „Authentisch, regional und ehrlich" soll es bei ihm sein. Besonders gern kombi-niert er verschiedene Geschmäcker wie in diesem Gericht Süßes mit Kräftigem.

SIMON TRESS

Biohotel-Restaurant Rose, Hayingen-Ehestetten

Albbüffelrücken

mit Roter Zwiebelmarmelade

Alblinsen-Kartoffel-Speck-Ragout

und weißem Albwacholderschaum

Albbüffelrücken

ZUTATEN FÜR 4 PERSONEN

4 x 150 g Albbüffelrücken
25 g Butter
Salz, Pfeffer
1 Zweig Rosmarin

Bezugsquelle: S. 94 f.

ZUBEREITUNG

Den Rosmarinzweig und die Butter in einer Pfanne erhitzen. Den Rücken gut mit Salz und Pfeffer würzen. Anschließend den Rücken ganz kurz von beiden Seiten anbraten und im Backofen auf Umluft bei 140 °C 15 Minuten garen. Wenn die Zeit um ist, den Backofen ausschalten und die Türe für eine halbe Minute öffnen. Danach den Ofen schließen und den Rücken noch weitere 3 bis 4 Minuten ruhen lassen.

Rote Zwiebelmarmelade

ZUTATEN

1 Zwiebel
25 g Butter
50 g Rote Marmelade
Salz, Pfeffer

ZUBEREITUNG

Die Zwiebel in kleine Würfel schneiden. Die Butter zusammen mit den Zwiebelwürfeln in einen Topf geben und zusammen mit der Marmelade schmoren, bis die Zwiebeln weich sind. Mit Salz und Pfeffer abschmecken.

Alblinsen-Kartoffel-Speckragout

ZUTATEN

50 g Butter
50 g Weizenmehl
150 g Alblinsen
250 g Wasser
250 g Milch
250 g Kartoffeln
100 g Speck
3 g Rosmarin
Salz, Pfeffer
10 g Petersilie glatt
30 g Apfelessig

Bezugsquelle: S. 94 f.

ZUBEREITUNG

Den Speck in feine Würfel schneiden und zusammen mit der Butter in einem Topf goldbraun anrösten. Das Mehl hinzugeben und in die Speck-Butter einarbeiten. Mit der Milch und dem Wasser ablöschen. Aufkochen und den Apfelessig hinzugeben. Den Rosmarin fein hacken und in die Béchamel geben.
Die Kartoffeln in feine Würfel schneiden und zusammen mit den Alblinsen in Wasser ohne Salz kochen. Wenn beides weich ist, absieben und zur Béchamel geben. Die Petersilie grob hacken und hinzugeben. Zum Schluss alles mit Salz und Pfeffer abschmecken.

Albwacholderschaum

ZUTATEN

25 g Butter
1 TL Wacholder
¼ l Milch
25 g Butter
Salz

ZUBEREITUNG

Die Butter zusammen mit dem Wacholder in einem Topf angehen lassen, bis die Butter goldbraun ist. Anschließend mit der Milch ablöschen und einmal aufkochen. Nach 15 Minuten den Wacholder absieben und mit Salz abschmecken. Zum Schluss mit dem Stabmixer und der restlichen Butter aufmixen.

ALLES ANRICHTEN

Das Gericht ist aufgebaut und wird angerichtet wie ein Haus: Unten die Linsen, dann die Zwiebelmarmelade, dann das Fleisch und oben der Schaum.

Wasser doppelt verwenden

Schneiden Sie die Kartoffeln in kleine Würfel, am besten kleiner als 1 cm. Und kochen Sie sie ohne Salz, weil, weil das Wasser auch für die Linsen verwendet wird. Und Linsen kocht man immer ohne Salz. Sonst ziehen sie sich zusammen und brauchen stundenlang, bis sie weich werden.

Essig-Timing

Geben Sie den Essig zu, sobald Linsen und Kartoffeln weich sind. Dadurch werden sie wieder etwas härter.

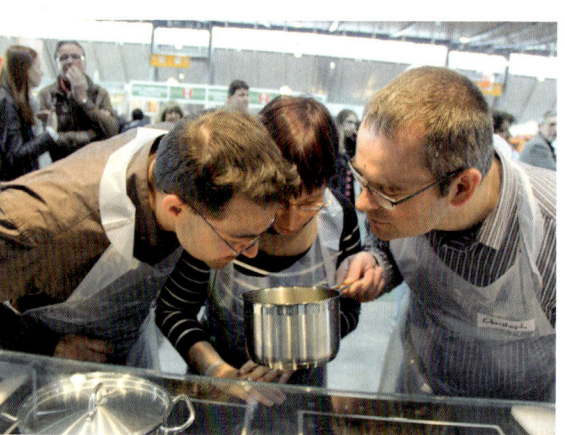

Schwäbische Béchamel

Die „Brenne" heißt auf hochdeutsch Mehlschwitze und auf französisch Béchamel. Die Brenne soll eine klebrige Konsistenz bekommen, wie ein Milchbrei. Die Linsen ableeren in ein Sieb, dann in die Brenne. Ins Ragout schließlich die Petersilie geben.

Fleisch nicht grillen

Das Fleisch nur auf beiden Seiten ganz kurz anbraten, sodass die Bratfläche weiß wird. Dann auf ein Gitter legen und bei 140 °C 15 Minuten im vorgeheizten Backofen garen. So bleibt es perfekt saftig und trocknet nicht aus.

Wacholderschaum

Den Wacholderschaum nach dem Abseihen nur leicht salzen. Ein gutes Produkt braucht keinen Schnickschnack. Der Schaum entsteht, indem man erst ein Butterflöckchen hinzufügt und dann mit dem Zauberstab aufmixt. „Der hält wie Dreiwettertaft."

Fleisch und Salz

Ja, Salz zieht Wasser aus dem Fleisch. Und, ja, Pfeffer verbrennt. Trotzdem sagen die Großköche: Fleisch vor dem Braten würzen, denn wie sonst kann der Geschmack ins Fleisch ziehen? Deshalb: unmittelbar vor dem Braten salzen und dann nicht mehr stehen lassen, damit das Salz kein Wasser ziehen kann.

Albbüffel

Wasserbüffel gab es bis vor 100000 Jahren auf der Schwäbischen Alb – und wieder seit 2005. Damals holte der Züchter Willi Wolf die robuste und freundliche Rasse zurück. Seither haben sich die beiden Herden (eine Milchbüffel- und eine Zuchtherde) prächtig entwickelt. Neben dem cholesterinarmen Fleisch werden heute auch Schinken, Maultaschen, Albzarella nach Mozzarella Art und Albbüffelkäse angeboten.

Bezugsquelle: S. 94 f.

Slow Food Tipp

Die schwäbische Alb ist in Slow Food Sicht eine Insel der Biodiversität. Aufgrund der wörtlich exponierten Lage, der besonderen klimatischen und geologischen Bedingungen haben sich hier Lebensmittel- und Esstradtionen besonderer Art erhalten: Albschneck, Alblinse, der Anbau von Dinkel und anderen alten Getreidesorten und vieles mehr. Slow Food setzt sich für den Erhalt der Biodiversität ein, denn sie ist Grundlage allen Lebens auf unserem Planeten, aber auch der Garant für eine natürliche Lebensmittel- und Geschmacksvielfalt.

ZU GAST BEI SIMON TRESS

Im Hayinger Ortsteil Ehestetten kocht Simon Tress im (seit 1950!) biodynamisch geführten Familienbetrieb „Biohotel Restaurant Rose". Entfernungen: Reutlingen und Biberach je 45 Minuten, Merklingen und Ulm je 50 Minuten.

Aichelauer Str. 6
72534 Hayingen
Tel. 0 73 83 / 9 49 80
www.tress-gastronomie.de

KOCHEN MIT RALF HIENER

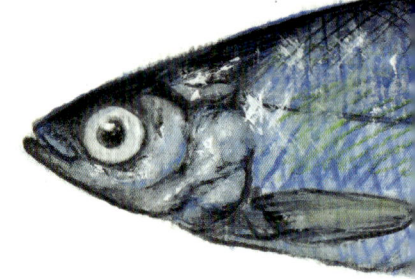

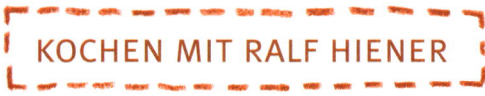

Bodenseefelchen

mit Alblinsen-Risotto und wildem Grün

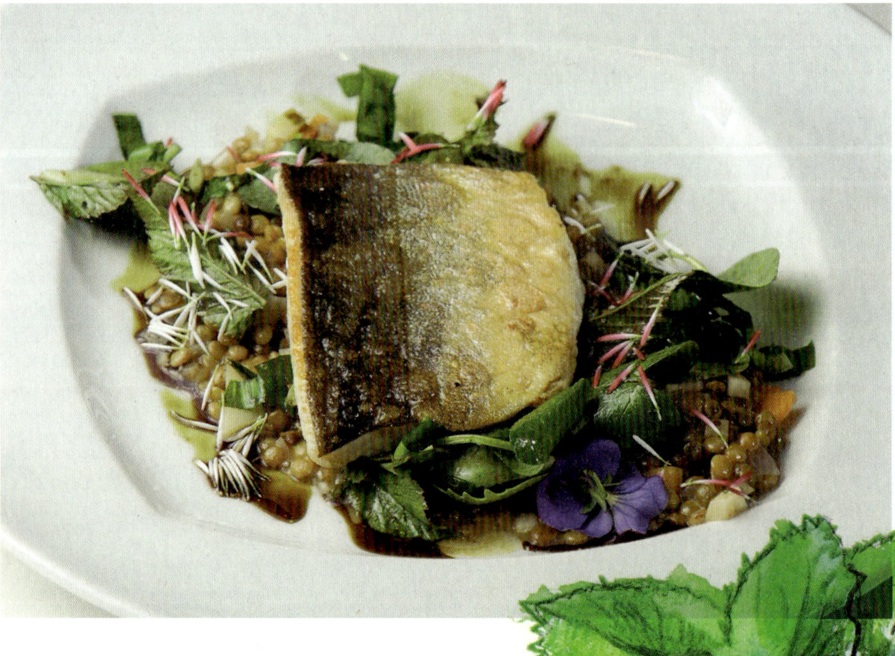

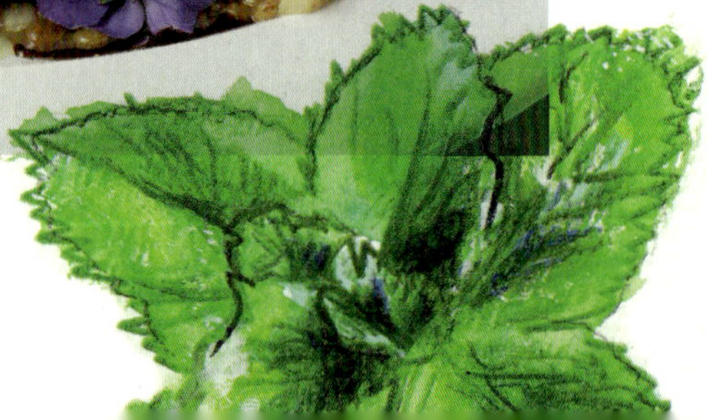

Bodenseefelchen gibt es gerade nicht? Dann nehmen wir eben den Saibling. Ralf Hiener fackelt nicht lang, liebt die Freiheit in der Küche. Allerdings mit ein paar Eckpfeilern. Der wichtigste davon: nicht zu heiß kochen und Garpunkte beachten. Seit nunmehr zehn Jahren betreibt der gebürtige Schwarzwälder zusammen mit seinem Kompagnon Olaf Schnelle die Gärtnerei „Essbare Landschaften" und beliefert republikweit die Spitzengastronomie mit Wildkräutern. Hiener ist dabei der Produktscout und Produktentwickler. Seine Aufgabe ist das Veredeln der Wildkräuter zu marktfähigen Produkten.

RALF HIENER

Essbare Landschaften, Gut Boltenhagen

Bodenseefelchen

ZUTATEN FÜR 4 PERSONEN

8 Felchenfilets **à 250 g**
5 cl Rapskernöl
20 g Butter
Salz,
weißer Pfeffer aus der Mühle

└── Bezugsquelle: S. 94 f.

ZUBEREITUNG

Die Felchenfilets auf einem Küchenkrepp trocken legen. In einer beschichteten Pfanne das Rapskernöl langsam erhitzen, es darf auf keinen Fall zu heiß werden. Die Filets mit der Hautseite nach unten in die Pfanne geben und bei geringer Hitze etwa fünf bis sechs Minuten garen – die Haut sollte dabei schön kross werden und das Fleisch noch schön saftig sein. Nach Ende der Garzeit die Pfanne vom Herd nehmen und die Filets mit Salz und Pfeffer würzen. Die Butter beigeben und die Filets drehen, so dass die Hautseite nun oben ist.

Linsengemüse

ZUTATEN FÜR 4 PERSONEN

300 g Alblinsen
Je 50 g geschälte Möhre,
Knollensellerie, Kohlrabi
1 Bund Radieschen
2 Schalotten
1 Knoblauchzehe
5 cl Weißweinessig
1 l kräftige Gemüsebrühe
(wahlweise Geflügelbrühe)
4 cl Kürbiskernöl
Salz, weißer Pfeffer aus der Mühle

└── Bezugsquelle: S. 94 f.

ZUBEREITUNG

Die Linsen etwa 20 Minuten in lauwarmem Wasser einweichen, anschließend abseihen. Derweil die Gemüse, die Radieschen und die Schalotten fein würfeln.
Schalottenwürfel und die ganze Knoblauchzehe in Rapskernöl langsam und ohne Farbe anschwitzen, dann die abgetropften Linsen zugeben, kurz mitschwitzen und mit dem Essig ablöschen. Nun nach und nach mit heißer Brühe auffüllen und die Linsen leise köcheln lassen. Nach etwa 20 Minuten die Gemüsewürfel zugeben und weitere fünf Minuten mitköcheln. Nach Ende des Garprozesses mit Salz, Pfeffer und Kernöl abschmecken. Nach Belieben noch Essig zugeben.

Wildes Grün

ZUTATEN FÜR 4 PERSONEN:

150 g jung geerntete Wildkräuter
(Saisonangebot)
„Giersch, Vogelmiere, Baldrian,
Wiesenkerbel, Wiesenknopf,
Scharbockskraut…"
Weißweinessig
Rapskernöl
Salz, weißer Pfeffer aus der Mühle

Bezugsquelle: S. 94 f.

ZUBEREITUNG

Die Kräuter gut waschen und in einem Sieb ab-
tropfen lassen. Etwa zehn Minuten vor dem
Anrichten die Kräuter mit Essig und Öl marinieren,
anschließend salzen und pfeffern.

ALLES ANRICHTEN

Die heißen Linsen auf Teller anrichten, die mari-
nierten Kräuter darauf verteilen und die Felchenfilets obendrauf legen.

Linsen erst wässern

Linsen vor dem Kochen wässern. Die Stärkeschicht der Linse wird dadurch aufgelöst, das gibt später ein schöneres Kochverhalten.

Fett am Fisch lassen

Beim Fisch lässt Ralf Hiener gern den Fettrand dran, wenn er frisch ist. So bleibt das Fleisch beim Braten saftig.

Salat lauwarm

Ralf Hiener liebt lauwarme Salatgemüse, da kommt der Geschmack erst so richtig zur Geltung.

Schwäbisches Risotto

Für die Gemüsewürfel beim Risotto gilt: je feiner, desto besser. Der Linsenrisotto-Ansatz erfolgt in einem möglichst weiten Topf. Die ganze Knoblauchzehe kann man hinterher gut wieder rausnehmen. Ja kein Salz verwenden, bei Hülsenfrüchten verlängert das die Kochzeit extrem. Die Brühe in Etappen nach und nach auffüllen. Und stets warm dazu geben, damit die Zugabe den Garvorgang nicht immer wieder von neuem unterbricht. Ggfs. auch mit Thymian oder anderem Würzkraut abschmecken.

Erst Linsen, dann Fisch

Das Linsenrisotto sollte fast fertig sein, wenn man mit dem Fisch beginnt. Die Pfanne auf mittlere Hitze stellen, da soll nichts qualmen oder dampfen. Am Anfang nimmt man nur Rapsöl, keine Butter. Das Fischfilet wird ja nur auf der Haut gebraten, und die Haut schützt den Fisch. Wenn das Öl simmert, den Fisch einlegen. Auf gar keinen Fall von der Hautseite drehen. Man erkennt gut, wie der Fisch von der Haut her hell, also gar wird. Ganz am Schluss, wenn der Fisch gar ist, die Butter zugeben, leicht salzen und den Fisch noch wenige Sekunden umdrehen.

Schnellere Variante

Wer Zeit sparen will, der legt alles in einen Topf. Unten die gekochten Linsen, den Fisch von der Haut befreien und auf die Linsen legen, ganz oben die Wildkräuter, dann Deckel drauf. Nach fünf Minuten ist das Gericht fertig.

Kräuter selber sammeln?

Wildkräuter kann natürlich jeder selber sammeln. Aber zum einen nur mit einem guten Bestimmungsbuch, weil eben doch einige Verwechslungen mit giftigen Kräutern möglich sind. Und zum anderen nicht am Gassiplatz der Dorfhunde.

DAS BESONDERE PRODUKT

Alblinsen

Lutz Mammel von der Erzeugergemein-
schaft Alb-Linse erklärt:
Alblinsen – oder mundartlich Alb-Leisa
– wurden früher traditionell zwischen
Getreidehalmen angebaut, die ihnen als
Rankhilfe dienen. Nach dem Ernten muss
das Gemisch aus Getreide, Linsen und
Ackerwildkraut durch Sieben getrennt
werden. In den 50er-Jahren war der
aufwändige Anbau vollständig eingestellt
worden. 40 Jahre später haben ihn dann
einige traditionsbewusste Landwirte
wieder aufgenommen, zunächst mit einer
französischen Sorte, weil die originalen
Sorten nicht mehr existierten. 2006 fand
man in der russischen Saatbank in St.
Petersburg die beiden Traditionssorten
Späths Alblinse Typ 1 und Typ 2 wieder.
2007 gelang es, davon wenige 100 Körner
zu erhalten, seit 2012 sind beide Sorten
neu am Markt. Daneben wird weiter
die französische dunkelgrüne Sorte
angeboten.
Im Juli 2005 hat die Slow Food Stiftung
für biologische Vielfalt die Alblinse in
die „Arche des Geschmacks" aufgenommen. Mit diesem Projekt bewahrt
Slow Food regional wertvolle Lebensmittel, Nutztierarten und Kulturpflanzen
vor dem Vergessen.

Bezugsquelle: S. 94 f.

Slow Food Tipp

Kennen Sie eigentlich?
Giersch > auch Geißblatt, schlimmstes
Unkraut, bekommt man kaum mehr
aus dem Garten raus. Sollte sehr früh
geschnitten werden. Geschmack mit
Anklängen an Möhre und Petersilie.
Taubnessel > brennt nicht, hat honig-
süße Blüten, der Geschmack des Krauts
erinnert an rohe Champignons.
Fette Henne > saftig-knackig, nussig.
Bärlauch > hat bereits den Aufstieg in die
Hochküche gefunden. Achtung, verwech-
selbar mit Maiglöckchenblättern.
Hornveilchen > auch Ackerveilchen,
ähnlich wie Tausendschön, gibt eine
nussige Nuance.

ZU GAST BEI RALF HIENER

Ralf Hiener und Olaf Schnelle beliefern
mit ihrer Firma Essbare Landschaften
rund 250 gastronomische Betriebe,
vorwiegend die deutsche Sternegastrono-
mie. Die Essbaren Landschaften kann
man auch besuchen, 40 km südlich von
Rügen. Aber man darf eben keinen
Hofladen oder eine Führung erwarten.

Essbare Landschaften GmbH
Gutshaus Boltenhagen
18516 Süderholz
Tel. 03 83 26 / 53 57 80
www.essbarelandschaften.de

Topfennudeln

Traditionsgericht vom Nordalpenkamm

Kochen wie damals: Zur letzten Kochwerkstatt traten keine Küchenmeister oder Sterneköche an, sondern eine fast 82-jährige Hausfrau aus Partenkirchen, verstärkt um den kompletten Vorstand von Slow Food Deutschland. Franziska Krätz brachte eine ganz besondere Zutat, Topfen vom Murnau-Werdenfelser Rind, mit, den sie erst am Vortag vom Bauern geholt hatte, dazu vorgekochte Kartoffeln. Denn auch die dürfen auf gar keinen Fall vom gleichen Tag sein. Topfennudeln sind eben ein Traditionsgericht, so wie's früher mal war. Gegessen wird es vor allem im Winter.

FRANZISKA KRÄTZ

und Team, Garmisch-Partenkirchen

Topfennudeln

Bei den Nudeln bestimmt der Topfen, seine Trockenheit – gut! –, seine Nässe – schlecht! –, die Mengen der weiteren Zutaten. Die Angaben im Folgenden sind also nur als ungefähr zu betrachten.

ZUTATEN FÜR 4 PERSONEN

250 g Topfen
100 g Sauerrahm
1 gekochte mehlige Kartoffel *(mindestens 2-3 Tage alt)*
125 g Mehl + Mehl für Arbeitsfläche und Hände
1 sehr kleines Ei *(50 g)*
Salz, Pfeffer
Butterschmalz, reichlich

ZUBEREITUNG

Die Nudeln müssen in einem Arbeitsgang gemacht und im Fett gebacken werden, den Teig nicht ruhen oder stehen lassen, denn er wird sonst weich.
Den Topfen in eine Schüssel geben, Sauerrahm dazu, die auf einem Gitter geriebene Kartoffel, Salz, Pfeffer, Ei. Das Ganze mit Spatel oder Kochlöffel behutsam, aber gründlich mischen. Vorsichtig Mehl dazu geben, und nun muss man sehr auf die Feuchtigkeit und die Konsistenz des Teiges achten. Er soll nicht zu trocken, nicht zu weich sein. Am besten ist es, das Mehl mit den Händen einzuarbeiten.
Den Teig auf die bemehlte Arbeitsfläche geben und in zwei dicke Stränge rollen. Stücke von etwa 4 bis 5 cm Länge abstechen und sofort ins heiße Butterschmalz geben. Vorsichtig bei guter Hitze immer wieder drehen, bis die Nudeln durch sind. Heiß mit Sauerkraut servieren.

Sauerkraut

ZUTATEN FÜR 4 PERSONEN

400 g mildes Sauerkraut
2 EL Butterschmalz
1 mittelgroße *(125 g)* Zwiebel, nicht
zu fein in Würfel geschnitten
1 Zehe Knoblauch
1 EL Wacholderbeeren, 1 Lorbeer-
blatt, ½ TL Kümmel
1 mittelgroßer säuerlicher Apfel
1 TL mittelscharfer Senf
¼ l Gemüse- oder Fleischbrühe
Salz, Zucker

ZUBEREITUNG

In einem mittelgroßen Topf die grob geschnittene
Zwiebel vorsichtig im Butterschmalz dünsten, Kraut
dazu, etwas mitdünsten, dann mit Brühe ablöschen; Apfel in feine Scheiben geschnitten dazu,
Knoblauch fein geschnitten und Gewürze dazu.
Deckel drauf und 20 Minuten bis eine halbe Stunde
dünsten. Mit Salz und Zucker abschmecken.

ALLES ANRICHTEN

Das Gericht kommt original in der gusseisernen
Pfanne auf den Tisch.

Schmalz gegen Bräune

Schmalz in den Topf, die Zwiebel darf nicht braun werden.

Trocken ist gut

Das A und O bei den Topfennudeln ist die Beschaffenheit des Topfens. Er muss möglichst trocken sein.

TIPPS ZUM GERICHT

Vorsicht, der Teig klebt

Die Konsistenz des Teigs sollte relativ trocken sein, jedenfalls so, dass er nicht mehr sofort an den Fingern kleben bleibt. Notfalls mit Mehl nachhelfen. Und unbedingt auch die Hände bemehlen. Der Teig muss in einem Durchgang verarbeitet werden, sonst wird er wieder feucht.

Murnau-Werdenfelser Rind

Der Topfen, den Franziska Krätz verwendet, stammt von Murnau-Werdenfelser Rindern. So heißt die letzte bayerische Rinderrasse, die nur deshalb noch existiert, weil sich einige sehr eigenwillige bayerische Landwirte von der Industrie nicht überzeugen ließen, auf die gängigen modernen Turbokühe umzusteigen. Das Murnau-Werdenfelser Rind mag zwar nicht so viel Milch geben, dafür ist die von einer ganz besonderen Zusammensetzung, die sie besonders für die Verkäsung geeignet macht. Und: die milchkaffeebraunen Tiere mit den großen dunklen Augen gehören einfach zum bayerischen Oberland.

Im März 2005 hat die Slow Food Stiftung für biologische Vielfalt das Murnau-Werdenfelser Rind in die „Arche des Geschmacks" aufgenommen. Mit diesem Projekt bewahrt Slow Food regional wertvolle Lebensmittel, Nutztierarten und Kulturpflanzen vor dem Vergessen.

Bezugsquelle: S. 94 f.

Kartoffelgitter

(oder Erdäpfelreibe, wie man in Partenkirchen sagt), ist für einen lockeren Kartoffelteig unerlässlich. Wird eigentlich für alles eingesetzt, wo man lockere Kartoffeln braucht. Z.B. auch Rösti. Das Ansinnen, als Alternative notfalls eine grobe Reibe zu akzeptieren, wiesen Mutter wie Tochter weit von sich.

DAS BESONDERE PRODUKT

Filderspitzkraut

Das verwendete Filderspitzkraut hat
nichts mit dem Werdenfelser Land zu tun,
dafür umso mehr mit den Feldern
(Fildern) rund um die Stuttgarter Messe,
wo diese Kochwerkstatt stattfand. Es
handelt sich um einen weißen Kopfkohl
mit zwergenmützenartiger Spitze. Die
und die ganz besonderen Böden der
Region machen das Filderspitzkraut
zarter, feiner, milder und saftiger als
rundköpfiges Kraut. Dass das Filderspitzkraut trotzdem kaum mehr angebaut
wird, liegt an der Sauerkonserven-
industrie – sie kauft nur Rundkraut, weil
beim Spitzkraut der Strunk von Hand
entfernt werden muss.
Im Juli 2005 hat die Slow Food Stiftung
für biologische Vielfalt das Filder-
spitzkraut in die „Arche des Geschmacks" aufgenommen. Mit diesem
Projekt bewahrt Slow Food regional
wertvolle Lebensmittel, Nutztierarten
und Kulturpflanzen vor dem Vergessen.

Bezugsquelle: S. 94 f.

Slow Food Tipp

Die ältere Generation ist diejenige,
die die Lebensmitteltradition noch am
besten kennt, und sie im Glücksfall auch
noch pflegt und lebendig erhält. Urgroß-
eltern und Großeltern sind die Hüter von
handwerklicher Praxis und Kenntnis und
können ihr Wissen an die nächsten Generationen weitergeben, egal ob es sich um
Küche oder Garten handelt. Daher fördert
und ermutigt Slow Food weltweit, Großeltern mit ihren Enkeln zu kochen und zu
gärtnern und Enkel, die Großeltern nach
ihrem Wissen zu fragen und dieses für
die Zukunft zu sichern.

ZU GAST BEI FRANZISKA KRÄTZ

Franziska Krätz kocht für ihre Familie und
Freunde. Vielleicht können Sie sie bei
einer weiteren Kochwerkstatt auf dem
Markt des guten Geschmacks in Stuttgart
erleben oder bei einer Wanderung in
Garmisch-Partenkirchen treffen.

Die Slow Food
Arche des Geschmacks

Slow Food Foundation
for Biodiversity

Slow Food engagiert sich für den Schutz traditioneller und nachhaltiger Qualitätslebensmittel, für den Erhalt von Anbau- und Verarbeitungsmethoden und der biologischen Vielfalt von Kultur- und Wildpflanzen. Die Vielfalt der regionalen Tierrassen, Pflanzensorten und Lebensmittel garantiert die Vielfalt auf dem Teller. Durch Projekte wie die Arche des Geschmacks und die Presidi (beide unterstützt von der gemeinnützigen Slow Food Stiftung für biologische Vielfalt) sowie durch das Terra Madre-Netzwerk versucht Slow Food, unser wertvolles kulinarisches Erbe zu bewahren.
Die Arche des Geschmacks wurde 1996 ins Leben gerufen, um fast vergessene traditionelle Lebensmittel, die in Gefahr sind, völlig zu verschwinden, zu katalogisieren und bekannt zu machen, nach dem Motto: essen, was man retten will. Denn was nicht gegessen wird, wird nicht nachgefragt, kann also nicht verkauft werden, und wird deshalb nicht hergestellt.
Anfang 2012 beherbergt die Arche weltweit mehr als 1.060 Lebensmittelprodukte aus 69 Ländern, die sogenannten Arche-Passagiere. In Deutschland gibt es rund 35. Die große Mehrheit der Passagiere sind vom Aus-sterben bedrohte Nutztierrassen und Nutzpflanzensorten. Die kleinere Gruppe sind handwerklich hergestellte Lebensmittel wie Wurst- und Käsespezialitäten, die nur noch von wenigen Produzenten erzeugt werden. Die Arche will die letzten verbleibenden Produzenten dieser Spezialitäten unterstützen und das traditionelle Wissen – Teil unseres wirtschaftlichen, sozialen und kulturellen Erbes – bewahren.
Presidi sind Projekte, die Lebensmittelhandwerkern dabei helfen, ihre traditionell hergestellten Produkte in der modernen Wirtschaft zu vermarkten.

Sie sind der operative Teil der Arche des Geschmacks. In Deutschland gibt es derzeit fünf Presidi-Projekte, weltweit sind es etwa 400. Die Slow Food Stiftung für die biologische Vielfalt wurde 2003 in Leben gerufen, um die biologische Vielfalt und gastronomische Traditionen rund um den Globus zu bewahren. Die gemeinnützige Stiftung setzt sich für eine nachhaltige Landwirtschaft ein, die auf die Umwelt, die kulturelle Identität der Gemeinschaft und das Wohlbefinden der Tiere Rücksicht nimmt. So unterstützt sie die Ernährungssouveränität – das Recht jeder Gemeinschaft, selbst zu entscheiden, was sie anbaut, erzeugt und isst.

Weitere Informationen unter www.slowfood.de

Bezugsquellen

Glanrinderfilets (Seite 24)

Die Glanrinderfilets der Slow Food Kochwerkstatt stammten von der Bannmühle, einem Demonstrationsbetrieb für ökologischen Landbau in Odernheim an der Nahe. Der Hofladen der Familie Pfeffer ist Mi, Fr (16-18.30) und Sa (10-12.30 Uhr) geöffnet.

> Bannmühle
> Hans Pfeffer
> 55571 Odernheim
> Tel. 06755/1053
> Fax 06755/1732
> info@bannmuehle.de
> www.bannmuehle.de
> Mehr Infos zum Glanrind und weitere Anbieter, Gastwirte, Züchter: www.slowfood.de/biodiversitaet/die_arche_passagiere/glanrind/

Himalayasalz (Seite 24)

Im Gegensatz zu gängigem Steinsalz wird dieses Salz nicht ausgewaschen und dann getrocknet, sondern nur abgebaut und vermahlen. Seine Befürworter sprechen deshalb von "Ursalz". Herkunft und Wirkungsweise sind aber nicht unumstritten, siehe z.B. Wikipedia, "Himalayasalz". Hübsch anzusehen ist das rosafarbene Salz, das in Wirklichkeit aus Pakistan kommt, aber in jedem Fall. Erhältlich ist es z.B. beim Internetversender Salmundo. Unter diesem Namen bietet der Karlsruher Christian Piekert mehr als 300 Salzsorten an.

> Salmundo
> Christian Piekert
> Brahmsstr. 23 (kein Ladengeschäft)
> 76185 Karlsruhe
> Tel. 0721/9203324
> Fax 0721/9203321
> info@salmundo.com
> www.salmundo.com

Maldon-Seesalz (Seite 24)

Das mit einer speziellen Technik aufgekochte Salz aus Maldon an der Küste von Essex in England ist seines milden Geschmacks wegen bei Sterneköchen weltweit beliebt. Erhältlich ist Maldon-Seesalz ebenfalls bei Salmundo (siehe oben) oder z.B. auch bei Manufactum:

> Manufactum
> Hiberniastr. 5
> 45731 Waltrop
> Tel. 02309/93900
> Fax 02309/939800
> Filialen in Berlin, Düsseldorf, Frankfurt, Hamburg, Köln, München, Stuttgart

Risottoreis "Acquerello" (Seite 28)

Den Lieblings-Risottoreis Martin Scharffs kann man direkt beim Hersteller im Piemont kaufen:

> Acquerello Il Riso
> Rondolino Società Cooperativa Agricola
> Tenuta Colombara
> I-13046 Livorno Ferraris, Vercelli
> Tel. 0039/0161/477832
> Tel. 0039/334/6392349
> info@acquerello.it
> www.acquerello.it
> Nach Anmeldung kann auch das Reismuseum dort besichtigt werden.
> In Deutschland erhält man diesen ein Jahr lang gereiften Bio-Risottoreis über diverse Versender wie gourmondo.de, geniesserdepot.de oder feinschmeckerversand.com.

Herrmannsdorfer Landhuhn (Seite 37)

Das mit dem Förderpreis Ökologischer Landbau 2012 ausgezeichnete Herrmannsdorfer Landhuhn bekommt man beim Hofmarkt der Herrmannsdorfer Landwerkstätten:

> Herrmannsdorfer Hofmarkt
> Herrmannsdorf 7
> 85625 Glonn
> Tel. 08093/909434
> Fax 08093/909410
> hofmarkt@herrmannsdorfer.de
> www.herrmannsdorfer.de
> 15 Filialen in und um München, Adressen auf der Webseite

Krabben in der Schale (Seite 43)

Alfred Urthel in Friedrichskoog liefert Krabben in der Schale binnen 24 Stunden per Postexpress:

> A. Urthel Krabben und Fischdelikatessen
> Hafenstr. 71
> 25718 Friedrichskoog
> Tel. 04854/291
> Fax 04854/1396
> info@urthel.de
> www.urthel.de

Burger Brezeln (Seite 63)

Der Arbeitskreis Burger Brezel pflegt im Internet einen Bezugsquellen-Nachweis: www.burgerbrezel.de/bezugsquellen.html
Mehr Infos zur Burger Brezel sowie Informationsflyer zum Download: www.slowfood.de/biodiversitaet/die_arche_passagiere/burger_brezel/

Hinterwälder Rind (Seite 73)

Der Verein Hinterwälder Rind nennt auf seiner Webseite Vermarkter: www.hinterwaelder.com/hofladen.php
Mehr Infos zum Hinterwälder Rind, weitere Bezugsquellen und Züchter: www.slowfood.de/biodiversitaet/die_arche_passagiere/hinterwaelder_rind/

Albbüffelrücken (Seite 76)

Albbüffelfleisch gibt es von der Metzgerei Failenschmid, der auch der Landgasthof "Hirsch" angegliedert ist:

> *Metzgerei Failenschmid*
> *Parkstr. 2*
> *72813 St. Johann-Gächingen*
> *Tel. 07122/8287-0*
> *info@failenschmid.de*
> *www.failenschmid.de*
> *Unter der angegebenen Webadresse gibt es auch einen Online-Shop.*

Alblinsen (Seite 77, 85)

Alblinsen können Sie bei Simon Tress in dessen Webshop erstehen:
http://shop.rose-biomanufaktur.com
Mehr Infos zu Alblinsen sowie Informationsflyer zum Download: www.slowfood.de/biodiversitaet/die_arche_passagiere/alblinse/

Bodenseefelchen (Seite 82)

Am frischsten bekommt man Bodenseefelchen natürlich direkt vom Fischer, z.B. der Bodensee Fischerei & Räucherei Knoblauch. Die Knoblauchs betreiben in Unteruhldingen eine Fischhalle und versenden auch.

> *Bodensee Fischerei*
> *Sonja und Andreas Knoblauch*
> *Ehbachstraße 3*
> *88690 Unteruhldingen*
> *Tel. 07556/5530*
> *Fax 07556/1530*
> *info@knoblauch-gbr.de*
> *www.knoblauch-gbr.de*

Wildkräuter (Seite 83)

Wildkräuter können Sie bei Ralf Hiener in dessen Webshop erstehen:
www.Essbare-Landschaften.de

Topfen vom Murnau-Werdenfelser Rind (Seite 90)

Topfen vom Murnau-Werdenfelser Rind können Sie beim Gschwandtnerbauern oberhalb von Partenkirchen entstehen:

> *Almwirtschaft Gschwandtnerbauer*
> *Gschwandt 1*
> *82467 Garmisch-Partenkirchen*
> *Tel. 08821/2139*
> *Allerdings definitiv nicht übers Internet und nur, wenn er gerade welchen hat...*

Filder-Spitzkraut (Seite 91)

Das Filder-Spitzkraut, das Franziska Krätz und ihr Team verarbeiteten, stammte von der Sauerkrautmanufaktur Kimmichs.

> *Kimmichs Sauerkonserven*
> *Lichtensteinstr. 10*
> *72631 Aichtal*
> *Tel. 07127/51886*
> *Fax 07127/59179*
> *kundenservice@kimmichs.de*
> *Mehr Infos zu Filder-Spitzkraut, weitere Anbieter sowie Informationsflyer zum Download:*
> *www.slowfood.de/biodiversitaet/die_arche_passagiere/filder_spitzkraut/*

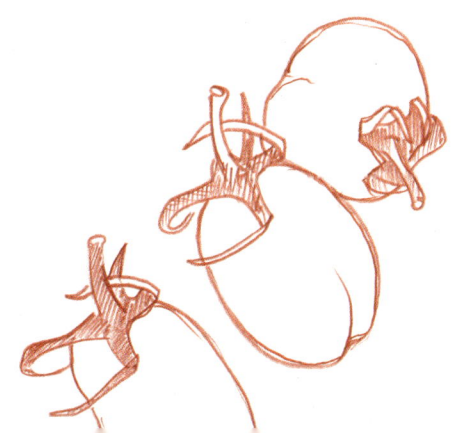

Impressum
Bildnachweis

Besuchen Sie uns im Internet
www.umschau-buchverlag.de

Herausgeber
Slow Food Deutschland e.V.
Luisenstr. 45
10117 Berlin

Slow Food®
Deutschland e.V.

Rezepte
Herbert Hintner, Martin Scharff, Dieter
Müller, Johannes King, Andreas Studer, Hubert
Hohler, Wam Kat, Flora Hohmann, Simon Tress,
Ralf Hiener, Franziska Krätz

Texte
Ursula Hudson, Anke Klitzing,
Andrea Lenkert-Hörrmann und Hans-Werner Rodrian

Konzept und Idee
Andrea Lenkert-Hörrmann

Illustrationen, Layout und Gestaltung
Hendrik Haase, www.wurstsack.com

Bildnachweise
Marc Doradzillo (S. 2)
Messe Stuttgart (S. 3)
Ursula Hudson, privat (S. 6)
Gaggenau (S. 21 (2x))
Hans Werner Rodrian (S. 9 u., 10 u., 11 M.l., 11 u.r., 12
M.l., 12 M.r., 13 o., 17 u. (4x), 18 u.l., 19, 23, 31, 32 u.r.,
33 (3x), 35 l.o., 35 l.u., 39, 58, 60 u., 62 o., 62 u.l., 64,
66 u.r., 67, 72 u., 76, 77, 78, 81, 83 (2x), 86, 88 (2x),
89 (2x), 90, 91
Markus Wagner (S. 10 o., 11 u.l., 12 o., 14 o.r., 15, 16
o.l., 16 (4x), 17 o. (4x), 18 o., 18 u.r., 20, 22 u., 24 (4x),
25 (2x), 26 (5x), 27 (2x), 28, 30, 32 o.l., 32 o.r., 32 u.l.,
34, 35 r.u., 38, 40 (2x), 41, 42, 44 (4x), 46 (4x), 47, 48
(2x), 49 (2x), 50 (2x), 52, 53 (2x), 54 (2x), 55 (2x), 56
(2x), 57 (2x))
Ira Schneider (S. 63 u.r.)
Klaus Wohlmann (S. 9 o., 12 u., 13 M., 59, 60 o., 62
(2x), 66 o.l., 66 o.r., 66 u.l., 68 (2x), 69 (2x), 70, 71
(2x), 72 o., 74, 75, 80, 87
Herbert Hinter (S. 14)
Martin Scharff (S. 22)
Hermannsdorfer Werkstätten (S. 37)
Toppits (S. 22)
Stefan Abtmeyer (S. 92, 93 o.l.)
Hendrik Haase (S. 93 u.)

Druck
NINO Druck GmbH, Neustadt an der Weinstraße

Printed in Germany
ISBN: 978-3-86528-682-6

Slow Food Deutschland bedankt sich ganz herzlich bei
Alnatura und Gaggenau sowie den vielen Helfern,
ohne die weder die Kochwerkstatt auf der Slow Food
Messe noch dieses Buch möglich geworden wären.